book2

books in 2 languages

book2 Deutsch - Arabisch für Anfänger

IMPRINT / IMPRESSUM

Johannes Schumann:
book2 Deutsch - Arabisch für Anfänger
EAN-13 (ISBN-13): 978-3-93-814101-4

Inquiries / Anfragen:
info@50languages.com
info@goethe-verlag.com

Inhalt

Personen

الأشخاص
al'ashkhas

ich	أنا ana
ich und du	أنا وأنت ana wa'ant
wir beide	نحن الإثنان nhin al'iithnan
er	هو hw
er und sie	هو وهي hu wahy
sie beide	كلاهما / كلتاهما klahuma / kallatahuma
der Mann	الرجل alrrijl
die Frau	الإمرأة / المرأة al'iimr'at / almar'at
das Kind	الطفل / الولد alttifl / alwald

⇨

Personen

الأشخاص
al'ashkhas

eine Familie

العائلة
aleayilat

meine Familie

عائلتي
eayilaty

Meine Familie ist hier.

عائلتي هنا.
eayilati huna

Ich bin hier.

أنا هنا.
ana huna

Du bist hier.

أنت هنا.
ant huna

Er ist hier und sie ist hier.

هو هنا وهي أيضًا.
hu huna wahi aydaan

Wir sind hier.

نحن هنا.
nhin huna

Ihr seid hier.

أنتم / أنتن هنا.
antum / 'antun huna'

Sie sind alle hier.

جميعهم هنا.
jmieuhum huna

Familie

عائلة
eayilat

der Großvater	الجد aljd
die Großmutter	الجدة aljdat
er und sie	هو وهي hu wahy
der Vater	الأب / الوالد alab / alwald
die Mutter	الأم / الوالدة alam / alwalidat
er und sie	هو وهي hu wahy
der Sohn	الابن alabn
die Tochter	الابنة aliabinat
er und sie	هو وهي hu wahy

⇨

2 [zwei]

Familie

2 [اثنان]
[athnan] 2

عائلة
eayilat

der Bruder	<div dir="rtl">الأخ al'akh</div>
die Schwester	<div dir="rtl">الأخت alakht</div>
er und sie	<div dir="rtl">هو وهي hu wahy</div>
der Onkel	<div dir="rtl">عم/خال em/khal</div>
die Tante	<div dir="rtl">عمة/خالة emata/khalat</div>
er und sie	<div dir="rtl">هو وهي hu wahy</div>
Wir sind eine Familie.	<div dir="rtl">نحن عائلة. nhin eayilata</div>
Die Familie ist nicht klein.	<div dir="rtl">العائلة ليست صغيرة. aleayilat laysat saghyrata</div>
Die Familie ist groß.	<div dir="rtl">العائلة كبيرة. aleayilat kabirata</div>

Kennen lernen

التعارف
alttaearf

Hallo!	!مرحبًا mrhbana
Guten Tag!	!مرحبًا! / نهارك سعيد mrhbana / naharuk saeid
Wie geht's?	كبف الحال؟ / كيف حالك؟ kbif alhala / kayf haluk
Kommen Sie aus Europa?	هل أنت من أوروبا؟ hl 'ant min 'awruba
Kommen Sie aus Amerika?	هل أنت من أمريكا؟ hl 'ant min amarika
Kommen Sie aus Asien?	هل أنت من أسيا؟ hl 'ant min 'asya
In welchem Hotel wohnen Sie?	في أي فندق تقيم؟ fi 'ay funduq taqim
Wie lange sind Sie schon hier?	مذ متى أنت هنا؟ mdh mataa 'ant huna
Wie lange bleiben Sie?	إلى متى ستبقى ؟ iilaa mataa satabqaa'

Kennen lernen

التعارف
alttaearf

Gefällt es Ihnen hier?	أتعجبك الإقامة هنا؟ atuejibuk al'iiqamat huna
Machen Sie hier Urlaub?	أتقضي عطلتك هنا؟ ataqdi eataltk hna
Besuchen Sie mich mal!	تفضل بزيارتي! tfadl biziaraty
Hier ist meine Adresse.	هذا عنواني / إليك عنواني. hdha eunwani / 'iilayk eanwani
Sehen wir uns morgen?	أراك غدًا؟ arak ghdaan
Tut mir Leid, ich habe schon etwas vor.	متأسف، لدي التزامات أخرى. mtasuf, laday ailtizamat 'ukhraa
Tschüs!	وداعًا! wdaeaan
Auf Wiedersehen!	إلى اللقاء 'iilaa allliqa'
Bis bald!	أراك قريبًا! arak qrybaan

In der Schule

في المدرسة
fi almudrasat

Wo sind wir?	أين نحن؟ ayn nahn
Wir sind in der Schule.	نحن في المدرسة. nhin fi almudrasata
Wir haben Unterricht.	عندنا درس. enduna dars
Das sind die Schüler.	هؤلاء هم التلاميذ. hwula' hum alttalamidha
Das ist die Lehrerin.	هذه هي المُعلمة. hdhih hi almuelm
Das ist die Klasse.	هذا هو الصف. hdha hu alssff
Was machen wir?	ماذا سنفعل؟ mmadha sanafael
Wir lernen.	نحن نتعلم. nhan nataealma
Wir lernen eine Sprache.	إننا نتعلم لغة. innana nataeallam laghata'

In der Schule

في المدرسة
fi almudrasat

Ich lerne Englisch.	أنا أتعلم الإنجليزية. ana 'ataelam al'iinjaliziata
Du lernst Spanisch.	أنت تتعلم الأسبانية. ant tataeallam al'asbany'
Er lernt Deutsch.	هو يتعلم الألمانية. hu yataeallam al'almaniata
Wir lernen Französisch.	نحن نتعلم الفرنسية. nhin nataeallam alfrnsy
Ihr lernt Italienisch.	أنتم تتعلمون / أنتن تتعلمن الإيطالية. antum tataeallamun / 'antun tataeallamnn al'iitaliata'
Sie lernen Russisch.	هم يتعلمون / هنّ تتعلمن الروسية. hum yataeallamun / hn tataeallamn alrrusiata
Sprachen lernen ist interessant.	تعلم اللغات مثير للإهتمام. teilm alllughat muthir lil'iihtimam
Wir wollen Menschen verstehen.	نريد أن نتفاهم مع الناس. nrid 'ann nnatafahum mae alnnasa
Wir wollen mit Menschen sprechen.	نريد أن نتكلم مع الناس. nrid 'an nnatakallam mae alnnasa

Länder und Sprachen

البلدان واللغات
albuldan walllighat

John ist aus London.	جون من لندن. jun min llindana
London liegt in Großbritannien.	لندن تقع في بريطانيا العظمى. lndan taqae fi britania aleuzmaa
Er spricht Englisch.	هو يتكلم الإنجليزية. hu yatakallam al'iinjaliziata
Maria ist aus Madrid.	ماريا من مدريد. maria min madrid
Madrid liegt in Spanien.	مدريد تقع في أسبانيا. madrid taqae fi 'asbania
Sie spricht Spanisch.	هي تتكلم الأسبانية. hi tatakallam al'asbaniata
Peter und Martha sind aus Berlin.	بيتر و مارتا من برلين. biatir w maratana min barlin
Berlin liegt in Deutschland.	برلين تقع في ألمانيا. barlin taqae fi 'almania
Sprecht ihr beide Deutsch?	هل تتكلمان الألمانية؟ hl tatakallaman al'almaniat

Länder und
Sprachen

البلدان واللغات
albuldan walllighat

London ist eine Hauptstadt.	لندن عاصمة. lnnidn easimat
Madrid und Berlin sind auch Hauptstädte.	مدريد وبرلين عاصمتان أيضًا. mdarid wabarlin easimtan aydana
Die Hauptstädte sind groß und laut.	العواصم كبيرة وصاخبة. aleawasim kabirat wasakhibata
Frankreich liegt in Europa.	فرنسا تقع في أوروبا. faransa taqae fi 'awruba
Ägypten liegt in Afrika.	مصر تقع في أفريقيا. msir taqae fi 'afriqia
Japan liegt in Asien.	اليابان تقع في أسيا. alyaban taqae fi 'asya
Kanada liegt in Nordamerika.	كندا تقع في أميركا الشمالية. knda taqae fi 'amirka alshshamaliata
Panama liegt in Mittelamerika.	بنما تقع في أميركا الوسطى. banama taqae fi 'amirka alwustaa
Brasilien liegt in Südamerika.	البرازيل تقع في أميركا الجنوبية. alibrazil taqae fi 'amirka aljanubita

Lesen und schreiben

القراءة والكتابة
alqqara'at walkitabat

Ich lese.	أنا أقرأ. ana 'aqra'a
Ich lese einen Buchstaben.	أقرأ حرفًا. aqra hrfana
Ich lese ein Wort.	أقرأ كلمة. aqra kalimta
Ich lese einen Satz.	أقرأ جملة. aqra jamlata'
Ich lese einen Brief.	أقرأ رسالة. aqra risalata'
Ich lese ein Buch.	أقرأ كتابًا. aqra ktabana'
Ich lese.	أنا أقرأ. ana 'aqra'a
Du liest.	أنتَ تقرأ / أنتِ تقرئين. ant taqra / ant taqrayiyna
Er liest.	هو يقرأ. hu yaqra'a

Lesen und schreiben

القراءة والكتابة
alqqara'at walkitabat

Ich schreibe.	أنا أكتب. ana 'aktuba
Ich schreibe einen Buchstaben.	أكتب حرفًا. akitib hrfana
Ich schreibe ein Wort.	أكتب كلمة. aktub kalimta
Ich schreibe einen Satz.	أكتب جملة. akitub jamlat
Ich schreibe einen Brief.	أكتب رسالة. aktub risalata
Ich schreibe ein Buch.	أكتب كتابًا. aktub ktabana
Ich schreibe.	أنا أكتب. ana 'aktuba
Du schreibst.	أنتَ تكتب / أنتِ تكتبين. ant taktub / ant taktabina
Er schreibt.	هو يكتب. hu yaktuba

7 [sieben]

7 [سبعة]
7 [sbiet]

Zahlen

الأعداد
al'aedad

Ich zähle:	:أنا أعد ana aed'
eins, zwei, drei	واحد، اثنان، ثلاثة wahda, athnana, thlatht
Ich zähle bis drei.	.أنا أعد حتى ثلاثة ana 'aeadd hatta thalathata
Ich zähle weiter:	:أن أتابع العد an 'utabie aled
vier, fünf, sechs,	أربعة، خمسة، ستة arabeata, khamsat, stt
sieben, acht, neun	سبعة، ثمانية، تسعة sbieata, thamaniata, tset
Ich zähle.	.أنا أعد ana 'aed
Du zählst.	.أنتَ تعد / أنتِ تعدين ant tueadd / ant taedin
Er zählt.	.هو يعد hu yed

7 [sieben]

Zahlen

7 [سبعة]
7 [sbiet]

الأعداد
al'aedad

Eins. Der Erste.	<div dir="rtl">واحد. / الأول. wahd / al'awl</div>
Zwei. Der Zweite.	<div dir="rtl">اثنان / الثاني. athnnan / alththania</div>
Drei. Der Dritte.	<div dir="rtl">ثلاثة/ الثالث. thlathata/ alththalith</div>
Vier. Der Vierte.	<div dir="rtl">أربعة / الرابع. arbeat / alrrabie'</div>
Fünf. Der Fünfte.	<div dir="rtl">خمسة / الخامس. khmst / alkhamus</div>
Sechs. Der Sechste.	<div dir="rtl">ستة/ السادس. stata/ alssaddus</div>
Sieben. Der Siebte.	<div dir="rtl">سبعة/ السابع. sbieta/ alssabe</div>
Acht. Der Achte.	<div dir="rtl">ثمانية/ الثامن. thmaniata/ alththamun</div>
Neun. Der Neunte.	<div dir="rtl">تسعة/ التاسع. tsieata/ alttasie</div>

8 [acht]

Uhrzeiten

8 [ثمانِية]
[thmaniny] 8

التوقيت
alttawqit

Entschuldigen Sie!

إذا سمحت! / عفوًا!
iidha samaht / efwaan'

Wie viel Uhr ist es, bitte?

عفوًا، كم الساعة؟
efwaan, kam alssaeatu

Danke vielmals.

شكرًا جزيلاً.
shkrana jzylaan

Es ist ein Uhr.

إنها الواحدة.
innaha alwahidata'

Es ist zwei Uhr.

إنها الثانية.
innaha alththaniata'

Es ist drei Uhr.

إنها الثالثة.
innaha alththalithata'

Es ist vier Uhr.

إنها الرابعة.
innaha alrrabieatu'

Es ist fünf Uhr.

إنها الخامسة.
innaha alkhamisata'

Es ist sechs Uhr.

إنها السادسة.
innaha alssadisutu'

8 [acht]

Uhrzeiten

8 [ثمانِية]
[thmaniny] 8

التوقيت
alttawqit

Es ist sieben Uhr.	<div dir="rtl">إنها السابعة. innaha alssabieatu'</div>
Es ist acht Uhr.	<div dir="rtl">إنها الثامنة. innaha alththaminata'</div>
Es ist neun Uhr.	<div dir="rtl">إنها التاسعة. innaha alttasieata'</div>
Es ist zehn Uhr.	<div dir="rtl">إنها العاشرة. innaha aleashiratu'</div>
Es ist elf Uhr.	<div dir="rtl">إنها الحادية عشرة. innaha alhadiat easharata'</div>
Es ist zwölf Uhr.	<div dir="rtl">إنها الثانية عشرة. innaha alththaniat eshr'</div>
Eine Minute hat sechzig Sekunden.	<div dir="rtl">الدقيقة عبارة عن ستين ثانية. alddaqiqat eibaratan ean sittin thany</div>
Eine Stunde hat sechzig Minuten.	<div dir="rtl">الساعة عبارة عن ستين دقيقة. alssaeat eibaratan ean sittin daqiqata</div>
Ein Tag hat vierundzwanzig Stunden.	<div dir="rtl">اليوم عبارة عن أربع وعشرين ساعة. aliawm eibarat ean arbe weshryn saeata</div>

Wochentage

أيام الأسبوع
ayam al'usbue

der Montag	الاثنين
	alathnin
der Dienstag	الثلاثاء
	'alththalatha
der Mittwoch	الأربعاء
	'al'arbiea

der Donnerstag	الخميس
	alikhamis
der Freitag	الجمعة
	aljmeat
der Samstag	السبت
	alsbat

der Sonntag	الأحد
	alahd
die Woche	الأسبوع
	ali'usbue
von Montag bis Sonntag	من الاثنين إلى الأحد
	mn alaithnayn 'iilaa al'ahad

Wochentage

أيام الأسبوع
ayam al'usbue

Der erste Tag ist Montag.

اليوم الأول هو الإثنين.
aliawm al'awwal hu al'iithniun

Der zweite Tag ist Dienstag.

اليوم الثاني هو الثلاثاء.
aliawm alththani hu alththalatha'u

Der dritte Tag ist Mittwoch.

اليوم الثالث هو الأربعاء.
alyawm alththalith hu al'arbiea'a

Der vierte Tag ist Donnerstag.

اليوم الرابع هو الخميس.
alyawm alrrabie hu alkhamius

Der fünfte Tag ist Freitag.

اليوم الخامس هو الجمعة.
aliawm alkhamis hu aljameatu

Der sechste Tag ist Samstag.

اليوم السادس هو السبت.
aliawm alssadis hu alssbbuta

Der siebte Tag ist Sonntag.

اليوم السابع هو الأحد.
aliawm alssabie hu al'ahad

Die Woche hat sieben Tage.

للأسبوع سبعة أيام.
lll'usbue sbet 'ayam

Wir arbeiten nur fünf Tage.

نحن لا نشتغل سوى خمسة أيام.
nhin la nashtaghil siwaa khmst 'ayama

10 [zehn]

10 [عشرة]
[eshirt] 10

Gestern – heute –
morgen

أمس – اليوم – غدًا
ams - alyawm - ghdana

Gestern war Samstag.

البارحة كان السبت.
albarihat kan alssibt

Gestern war ich im Kino.

بالأمس كنتُ في السينما.
bal'ams knt fi alssinima

Der Film war interessant.

كان الفيلم مشوقًا.
kan alfilm mshwqaan

Heute ist Sonntag.

اليوم هو الأحد.
aliawm hu al'ahad

Heute arbeite ich nicht.

اليوم لا أعمل.
aliawm la 'aemil

Ich bleibe zu Hause.

سأبقى في البيت.
s'ubqaa fi albita

Morgen ist Montag.

غدًا هو الاثنين.
ghdana hu alathnayn

Morgen arbeite ich wieder.

غدًا سأعود للعمل.
ghdaan sa'aeud lileaml

Ich arbeite im Büro.

إني أعمل في مكتب.
iini 'aemal fi maktba'

⇨

10 [zehn]

Gestern – heute –
morgen

أمس – اليوم – غدًا
ams - alyawm - ghdana

Wer ist das?	من هذا؟ mn hudha
Das ist Peter.	هذا بيتر. hdha baytur
Peter ist Student.	بيتر طالب. byatr talb
Wer ist das?	مَن هذه؟ man hudhha
Das ist Martha.	هذه مارتا. hdhih marta
Martha ist Sekretärin.	مارتا أمينة سر. marta 'aminat sr
Peter und Martha sind Freunde.	بيتر ومارتا أصدقاء. biitr wamarta 'usdaqa'a
Peter ist der Freund von Martha.	بيتر صديق مارتا. byitr sadiq marta
Martha ist die Freundin von Peter.	مارتا صديقة بيتر. marta sadiqat bitr

11 [elf]

Monate

الأشهر
alashhr

der Januar	كانون الثاني kanun alththani
der Februar	شباط shbat
der März	آذار adhar
der April	نيسان nisan
der Mai	أيار ayar
der Juni	حزيران hziran
Das sind sechs Monate.	هذه ستة أشهر. hdhuh stt 'ashhir
Januar, Februar, März,	كانون الثاني، شباط، آذار kanwn alththani, shabat, adhar
April, Mai und Juni.	نيسان، أيار، حزيران. nysan, 'ayara, huzayran

11 [elf]

Monate

11 [أحد عشر]
[ahd eshr] 11

الأشهر
alashhr

der Juli

تموز
tmuz

der August

آب
ab

der September

أيلول
aylwl

der Oktober

تشرين الأول
tshryn alawl

der November

تشرين الثاني
tshirin alththani

der Dezember

كانون الأول
kanwn alawl

Das sind auch sechs Monate.

وهذه أيضًا ستة أشهر.
whidhh aydaan stt 'ashhir

Juli, August, September,

تموز، آب، أيلول،
,tmuz, aba, 'aylul

Oktober, November und Dezember.

تشرين الأول، تشرين الثاني، كانون الأول.
tshryn alawl, tishrin alththani, kanun alawl

Getränke

المشروبات
almashrubat

Ich trinke Tee.

أشرب الشاي.
ashirab alshay

Ich trinke Kaffee.

أشرب القهوة.
ashrab alqahawat'

Ich trinke Mineralwasser.

أشرب مياه معد نية.
ashirab miah mmaead ny

Trinkst du Tee mit Zitrone?

هل تشرب الشاي مع الليمون؟
hl tashrib alshshay mae alllaymun

Trinkst du Kaffee mit Zucker?

هل تشرب القهوة مع السكر؟
hl tashrib alqahwat mae alssukr

Trinkst du Wasser mit Eis?

هل تشرب الماء مع الثلج؟
hl tashrib alma' mae alththalj

Hier ist eine Party.

هنا تقام حفلة.
hna tuqam hufalata

Die Leute trinken Sekt.

يشرب الناس شمبانيا.
yshirb alnnas shambania

Die Leute trinken Wein und Bier.

يشرب الناس نبيذًا وجعةً.
ysharib alnnas nbydhaan wjetan

Getränke

المشروبات
almashrubat

Trinkst du Alkohol?	هل تشرب كحولاً؟؟ hl tashrab khwlaan
Trinkst du Whisky?	هل تشرب وبسكي؟ hl tashrab wayaski
Trinkst du Cola mit Rum?	أتشرب كولا مع روم؟ atashrab kula mae rum
Ich mag keinen Sekt.	لا أحب الشمبانيا. la 'uhibb alshshambaniaa
Ich mag keinen Wein.	لا أحب الخمر. la 'uhibb alkhamr
Ich mag kein Bier.	لا أحب الجعة. lla 'uhibb aljieata
Das Baby mag Milch.	الرضيع يحب الحليب. alrradie yuhibb alhalib
Das Kind mag Kakao und Apfelsaft.	الطفل يحب الكاكاو وعصير التفاح. alttifl yuhibb alkakaw waeasir alttafah
Die Frau mag Orangensaft und Grapefruitsaft.	المرأة تحب عصير البرتقال وعصير الجريب فروت. almar'at tuhibb easir alburtuqal waeasir aljarib farut

Tätigkeiten

الأنشطة والأعمال
al'anshitat wal'aemal

Was macht Martha?

ماذا تعمل مارتا؟
mmadha taemal marta

Sie arbeitet im Büro.

هى تشتغل فى المكتب؟.
hi tashtaghil fi almaktab

Sie arbeitet am Computer.

إنها تشتغل على الحاسوب.
innaha tashtaghil ealaa alhasub'

Wo ist Martha?

أين مارتا؟
ayn marta

Im Kino.

فى السينما.
faa alssinma

Sie schaut sich einen Film an.

إنهاتشاهد فيلمًا.
innahatashahid fylmana'

Was macht Peter?

ماذا يعمل بيتر؟
madha yaemal bytr

Er studiert an der Universität.

إنه يدرس فى الجامعة.
innah yadrus fi aljamieati'

Er studiert Sprachen.

هو يدرس لغات.
hu yadrus laghata

Tätigkeiten

الأنشطة والأعمال
al'anshitat wal'aemal

Wo ist Peter?	أين بيتر؟ ayn bytr
Im Café.	فى المقهى. faa almuqhaa
Er trinkt Kaffee.	إنه يشرب قهوة. innah yashrab qahwata'
Wohin gehen sie gern?	إلى أين تودون الذهاب؟ iilaa 'ayn tuaddun aldhhab'
Ins Konzert.	إلى الحفلة الموسيقية. iilaa alhaflat almawsiqiata'
Sie hören gern Musik.	هم يحبون سماع الموسيقى. hum yuhibbun samae almusiqaa
Wohin gehen sie nicht gern?	إلى أين لا يرغبون الذهاب؟ iilaa 'ayn la yarghabun aldhdhahaba'
In die Disco.	إلى المرقص. iilaa almurqus'
Sie tanzen nicht gern.	هم لا يحبون الرقص. hum la yuhibbun alrraqsa

14 [vierzehn]

Farben

الألوان
al'alwan

Der Schnee ist weiß.	الثلج أبيض. aliththalaj 'abyd
Die Sonne ist gelb.	الشمس صفراء. 'alshshams safra
Die Orange ist orange.	البرتقالة برتقالية. albrtiqalat brtqaly
Die Kirsche ist rot.	الكرزة حمراء. 'alkurzat hamra
Der Himmel ist blau.	السماء زرقاء. alssama' zurqa'a
Das Gras ist grün.	العُشب أخضر. aleushb 'akhdr
Die Erde ist braun.	التربة بُـنِّـية. altturibat buniy
Die Wolke ist grau.	السحابة رمادية. alssahabat ramadyta
Die Reifen sind schwarz.	إطارات العجلات سوداء. 'itarat aleajalat suda'

14 [vierzehn]

Farben

14 [أربعة عشر]
[arbet eshr] 14

الألوان
al'alwan

Welche Farbe hat der Schnee? Weiß.	<div dir="rtl">ما لون الثلج؟ أبيض. ma lawn alththulija 'abyd</div>
Welche Farbe hat die Sonne? Gelb.	<div dir="rtl">ما لون الشمس؟ أصفر. ma lawn alshshamsa 'asfir</div>
Welche Farbe hat die Orange? Orange.	<div dir="rtl">ما لون البرتقالة؟ برتقالي. ma lawn alburtiqalata birtaqali</div>
Welche Farbe hat die Kirsche? Rot.	<div dir="rtl">ما لون الكرز؟ أحمر. mma lawn alkurza 'ahmir</div>
Welche Farbe hat der Himmel? Blau.	<div dir="rtl">ما لون السماء؟ أزرق. mma lawn alssama'a 'uzriq</div>
Welche Farbe hat das Gras? Grün.	<div dir="rtl">ما لون العُشب؟ أخضر. mma lawn aleushb 'akhdir</div>
Welche Farbe hat die Erde? Braun.	<div dir="rtl">ما لون التربة؟ بنية. mma lawn altarbata banyata</div>
Welche Farbe hat die Wolke? Grau.	<div dir="rtl">ما لون السحابة؟ رمادي. mma lawn alssahabata rumadi</div>
Welche Farbe haben die Reifen? Schwarz.	<div dir="rtl">ما لون إطارات العجلات؟ أسود. ma lawn 'iitarat aleajalat 'aswd</div>

Früchte und
Lebensmittel

فواكه ومواد
غذائية.

fwakih wamawad
ghadhayiyata

Ich habe eine Erdbeere.	لدي حبة فراولة. ldi habbat farawilata
Ich habe eine Kiwi und eine Melone.	لدي حبة كيوي وشمامة. ldi habbat kayawi washamamata
Ich habe eine Orange und eine Grapefruit.	لدي برتقالة وحبة جريب فروت. ldi biritiqalat wahbat jarib ffaruta
Ich habe einen Apfel und eine Mango.	لدي تفاحة وحبة مانجو. ldi tifahat wahbat manju
Ich habe eine Banane und eine Ananas.	لدي موزة وحبة أناناس. ldi mawzzat wahbbat 'ananas
Ich mache einen Obstsalat.	إني أحضر سلطة فواكه. iini 'ahdar sultatan fawakuha'
Ich esse einen Toast.	إني آكل خبزًا محمصًا. iini akal khbzaan mhmsaan'
Ich esse einen Toast mit Butter.	آكل خبزًا محمصًا مع زبدة. akal khbzaan mhmsaan mae zabdata
Ich esse einen Toast mit Butter und Marmelade.	آكل خبزًا محمصًا مع زبدة ومربى. akul khbzaan mhmsaan mae zabdat wamarbaa

Früchte und
Lebensmittel

فواكه ومواد
غذائية.
fwakih wamawad
ghadhayiyata

Ich esse ein Sandwich.

آكل سندويشة
akul sndwysht

Ich esse ein Sandwich mit Margarine.

آكل سندويشة مع مرغرين.
akul sanadwishat mae murgharin

Ich esse ein Sandwich mit Margarine und
Tomate.

آكل سندويشة مع مرغرين وبندورة.
akul sanadwishat mae murghghirin wabandawarat

Wir brauchen Brot und Reis.

إننا نحتاج خبزًا وأرزًا.
innana nahtaj khbzaan warzaan'

Wir brauchen Fisch und Steaks.

نحن بحاجة للسمك وشرائح اللحم.
nhin bihajat llilssimk washarayih alllahma

Wir brauchen Pizza und Spagetti.

نحن بحاجة لبيتزا وشباغيتي.
nhin bihajat llibaytizana washabbaghiati

Was brauchen wir noch?

ماذا نحتاج أيضًا؟
mmadha nahtaj aydaan

Wir brauchen Karotten und Tomaten für
die Suppe.

نحن بحاجة لجزر وبندورة للحساء.
nhan bihajat llijuzur wabandurat llilhasa'a

Wo ist ein Supermarkt?

أين هو المتجر الكبير؟
aiyn hu almutajarr alkabir

Jahreszeiten und Wetter

فصول السنة والطقس
fsul alssanat walttaqs

Das sind die Jahreszeiten:	هذه هى فصول السنة: hdhih haa fusul alssanati:
Der Frühling, der Sommer,	الربيع، الصيف، alrrabiea, alssifa,
der Herbst und der Winter.	الخريف، والشتاء. alkharif, walshshata'a
Der Sommer ist heiß.	الصيف حار. alssayf har
Im Sommer scheint die Sonne.	فى الصيف تسطع الشمس. fi alssayf tastie alshshums
Im Sommer gehen wir gern spazieren.	فى الصيف نحب أن نتنزه. fi alssayf nuhib 'ann ntnzha
Der Winter ist kalt.	الشتاء بارد. alshshita' bard
Im Winter schneit oder regnet es.	فى الشتاء تثلج أو تمطر fy alshshita' tthlj 'aw tamtr
Im Winter bleiben wir gern zu Hause.	فى الشتاء نفضل البقاء في البيت. fi alshshita' nufaddil albaqa' fi albita

Jahreszeiten und Wetter

فصول السنة والطقس
fsul alssanat walttaqs

Es ist kalt.	الجو بارد. aljaw bard
Es regnet.	إنها تمطر. innaha tamtira'
Es ist windig.	الجو عاصف. aljaw easf
Es ist warm.	الجو دافئ. aljaw dafya
Es ist sonnig.	الجو مُشمس. aljaw mushms
Es ist heiter.	الجو صافٍ. aljaw safin
Wie ist das Wetter heute?	كيف الطقس اليوم؟ kif alttaqs alyawm
Es ist kalt heute.	اليوم الجو بارد. aliawm aljaww bard
Es ist warm heute.	اليوم الجو دافئ. aliawm aljaww dafia

Im Haus

فى البيت / في المنزل
faa albayt / fi almunzal

Hier ist unser Haus.	هذابيتنا. hdhabitna
Oben ist das Dach.	السقف في الاعلى. alssaqif fi alaelaa
Unten ist der Keller.	القبو في الاسفل. alqbu fi alasfil
Hinter dem Haus ist ein Garten.	خلف المنزل حديقة. khlif almanzil hadiqata
Vor dem Haus ist keine Straße.	لا يمر شارع أمام المنزل. la yamurr sharie 'amam almunzil
Neben dem Haus sind Bäume.	هناك أشجار بجوار المنزل. hnak 'ashjar bijiwar almunazili
Hier ist meine Wohnung.	هذه هي شقتي. hdhih hi shiqtay
Hier ist die Küche und das Bad.	وهنا المطبخ والحمام. wahuna almutbakh walhamama
Dort sind das Wohnzimmer und das Schlafzimmer.	هناك غرفة الجلوس(المعيشة) وغرفة النوم. hnak ghurfat aljalusa(almaeishata) waghurfat alnnawm

17 [siebzehn]

Im Haus

17 [سبعة عشر]
[sbet eshr] 17

فى البيت / فى المنزل
faa albayt / fi almunzal

Die Haustür ist geschlossen.	<div dir="rtl">باب المنزل مغلق. bab almanzil maghluq</div>
Aber die Fenster sind offen.	<div dir="rtl">لكن النوافذ مفتوحة. lkinn alnnawafidh maftuhata</div>
Es ist heiß heute.	<div dir="rtl">اليوم الجو حار. aliawm aljaww hara</div>
Wir gehen in das Wohnzimmer.	<div dir="rtl">نذهب الآن إلى غرفة الجلوس. ndhahab alan 'iilaa ghurfat aljalus</div>
Dort sind ein Sofa und ein Sessel.	<div dir="rtl">هناك اريكة وكنبة. hnak aryakat wakanbata</div>
Setzen Sie sich!	<div dir="rtl">تفضل بالجلوس! ttafadal bialjalus</div>
Dort steht mein Computer.	<div dir="rtl">هناك حاسوبي. hnak hasubi</div>
Dort steht meine Stereoanlage.	<div dir="rtl">هناك معداتي السمعية. hnak mueaddati alssameiat</div>
Der Fernseher ist ganz neu.	<div dir="rtl">جهاز التلفاز جديد. jhaz alttilfaz jadid</div>

Hausputz

تنظيف المنزل
tnazif almunzal

Heute ist Samstag.	اليوم هو السبت. aliawm hu alssabta
Heute haben wir Zeit.	اليوم لدينا وقت كافٍ. aliawm ladayna waqt kafin
Heute putzen wir die Wohnung.	اليوم ننظف المنزل. aliawm nunazuf almunzila
Ich putze das Bad.	أنا أنظف الحمام. ana 'unzif alhammama'
Mein Mann wäscht das Auto.	زوجي يغسل السيارة. zwji yughsil alssayarata
Die Kinder putzen die Fahrräder.	الأطفال ينظفون الدراجات. ali'atfal yanazzufun alddarajata
Oma gießt die Blumen.	الجدة تسقي الزهور. aljiddat tasqi alzzahur
Die Kinder räumen das Kinderzimmer auf.	الأطفال يرتبون غرفتهم. al'atfal yartabun gharafattahum
Mein Mann räumt seinen Schreibtisch auf.	زوجي يرتب مكتبه. zwji yartab maktabuha

Hausputz

تنظيف المنزل
tnazif almunzal

Ich stecke die Wäsche in die
Waschmaschine.

أنا أضع الغسيل في الغسالة.
ana 'adae alghasil fi alghasalati

Ich hänge die Wäsche auf.

أنشر الغسيل.
anshir alghghasil

Ich bügele die Wäsche.

أكوي الملابس.
akwi almalabus'

Die Fenster sind schmutzig.

النوافذ متسخة.
alnnawafidh muttasikhata

Der Fußboden ist schmutzig.

الأرض متسخ.
al'ard mutskha

Das Geschirr ist schmutzig.

الأطباق متسخة.
al'atbaq muttasikhata

Wer putzt die Fenster?

من ينظف النوافذ؟
mn yunazzif alnnawafdha

Wer saugt Staub?

من ينظف بالمكنسة الكهربائية؟
mn yanazzif bialmukannasat alkahrabayiyt

Wer spült das Geschirr?

من يغسل الاطباق؟
mn yaghsil alatbaq

In der Küche

فى المطبخ
faa almutbakh

Hast du eine neue Küche?	ألديك مطبخ جديد؟
	alidik mutbakh jadid
Was willst du heute kochen?	ما ستطبخ اليوم؟
	mma satatbakh alyawm
Kochst du elektrisch oder mit Gas?	أتطبخ بالكهرباء أم بالغاز؟
	atatbakh bialkahraba' 'am bialghaz
Soll ich die Zwiebeln schneiden?	هل أقطع البصل؟
	hl 'aqtae albsl
Soll ich die Kartoffeln schälen?	هل أقشر البطاطا؟
	hl 'aqshur albatata
Soll ich den Salat waschen?	هل أغسل الخس؟
	hl 'aghsul alkhs
Wo sind die Gläser?	أين الأكواب؟
	ayn al'akwab
Wo ist das Geschirr?	أين الأطباق؟
	aiyn al'atbaq
Wo ist das Besteck?	أين طقم أدوات المائدة؟
	ayn taqm 'adawat almayidt'

In der Küche

فى المطبخ
faa almutbakh

Hast du einen Dosenöffner?	أعندك فتاحة علب؟ aeindak fatahat ealb
Hast du einen Flaschenöffner?	أعندك فتاحة زجاجات؟ aeindak fatahat zajajat
Hast du einen Korkenzieher?	أعندك بزّال؟ aeinduk bzzal
Kochst du die Suppe in diesem Topf?	أتطبخ الحساء فى هذا القدر؟ atatbakh alhisa' fi hadha alqadr
Brätst du den Fisch in dieser Pfanne?	أتقلى السمك فى هذه المقلاة؟ atuqali alssamak fi hadhih almuqallat
Grillst du das Gemüse auf diesem Grill?	أتشوي الخضر على هذه المشواة؟ atashawi alkhudar ealaa hadhih almashwat
Ich decke den Tisch.	أنا أجهّز السفرة / أعد المائدة. ana ajhhz alssafarat / 'aeadd almayidata
Hier sind die Messer, Gabeln und Löffel.	ها هي السكاكين والشوك والملاعق. ha hi alssakakin walshshawk walmalaeiqa
Hier sind die Gläser, die Teller und die Servietten.	ها هي الاكواب، الصحون، وفوط السفرة. ha hi alakwab, alssuhwn, wufut alssafarat

20 [zwanzig]		20 [عشرون] [eshsharun] 20

Small Talk 1		محادثة قصيرة ، رقم ١ mhadathat qasirat , raqm 1

Machen Sie es sich bequem!

خذ راحتك! / تفضل، ارتاح!
khdh rahatka / tafaddal, artah

Fühlen Sie sich wie zu Hause!

البيت بيتك!
albayt bytk

Was möchten Sie trinken?

ما تحب أن تشرب؟
mma tuhibb 'ann tshrb

Lieben Sie Musik?

أتحب الموسيقى؟
atahib almusiqaa

Ich mag klassische Musik.

أنا أحب الموسيقى الكلاسيكية.
ana 'uhibb almusiqaa alklasyky

Hier sind meine CDs.

هذه أقراصي المدمجة.
hdhih 'aqrasi almudmijat

Spielen Sie ein Instrument?

أتعزف على آلة موسيقية؟
ataezif ealaa alat musiqit

Hier ist meine Gitarre.

هذه قيثارتي.
hdhih qaytharaty

Singen Sie gern?

أتحب الغناء؟
'atahib alghana

⇨

20 [zwanzig]

Small Talk 1

محادثة قصيرة ، رقم ١
mhadathat qasirat , raqm 1

Haben Sie Kinder?	ألديك أطفال؟ aladik 'atfal
Haben Sie einen Hund?	ألديك كلب؟ aladik klb
Haben Sie eine Katze?	ألديك قطة؟ aladik qatta
Hier sind meine Bücher.	هذه هي كتبي. hdhih hi kutabay
Ich lese gerade dieses Buch.	حاليًا أقرأ هذا الكتاب. halyaan 'aqra hdha alkitaba
Was lesen Sie gern?	ما تحب أن تقرأ؟ mma tuhibb 'ann taqra
Gehen Sie gern ins Konzert?	اتحب الذهاب إلى الحفلة الموسيقية؟ attahb aldhdhahab 'iilaa alhaflat almawsiqiat
Gehen Sie gern ins Theater?	أتحب الذهاب إلى المسرح؟ atahib aldhdhahab 'iilaa almasrh
Gehen Sie gern in die Oper?	أتحب الذهاب إلى دار الأوبرا؟ atahib aldhdhahab 'iilaa dar al'uwbira

Small Talk 2

محادثة قصيرة،رقم ٢

mhadathat qasirt,rqm 2

Woher kommen Sie?	من أين أنت؟ mn 'ayn 'ant
Aus Basel.	أنا من بازل. ana min bazl
Basel liegt in der Schweiz.	بازل تقع في سويسرا bazil taqae fi suyisra
Darf ich Ihnen Herrn Müller vorstellen?	اسمح لي أن أقدم لك السيد مولر! asmh li 'an 'aqdam lak alsyd mwlr
Er ist Ausländer.	هو أجنبي. hu 'ajnabi
Er spricht mehrere Sprachen.	إنه يتكلم عدّة لغات. innah yatakallam eddt laghata'
Sind Sie zum ersten Mal hier?	هل حضرتك هنا لأول مرة؟ hl hadratuk huna li'awwal marta
Nein, ich war schon letztes Jahr hier.	لا، كنت هنا في العام الماضي. la, kunt huna fi aleam almadi
Aber nur eine Woche lang.	ولكن لمدة أسبوع فقط. wlikan limuddat 'usbue faqat

⇨

Small Talk 2

محادثة قصيرة،رقم ٢

mhadathat qasirt,rqm 2

Wie gefällt es Ihnen bei uns?	أتستمتع بوجودك هنا؟ atastamtie biwujudik huna
Sehr gut. Die Leute sind nett.	جدًا. فالناس لطفاء. jdaan falnnas latafa'a
Und die Landschaft gefällt mir auch.	والمناظر الطبيعية تعجبني أيضًا. walmanazir alttabieiat taejibni aydana
Was sind Sie von Beruf?	مامهنتك؟ mamhantk
Ich bin Übersetzer.	أنا مترجم. ana mutarajma
Ich übersetze Bücher.	إني أترجم كتبًا. iini 'atarajjam ktbaan'
Sind Sie allein hier?	هل حضرتك بمفردك هنا؟ hl hadratuk bimufradik huna
Nein, meine Frau / mein Mann ist auch hier.	لا، زوجتي / زوجي هنا أيضًا. la, zawjati / zuji huna aydana
Und dort sind meine beiden Kinder.	وهناك طفلاي الاثنان. wahunak tifalay alathnan

Small Talk 3

محادثة قصيرة ،رقم ٣
mhadathat qasirat ,rqum 3

Rauchen Sie?	هل تدخن؟ hl tadkhn
Früher ja.	كنت سابقًا أدخن. knt sabqaan 'adakhan
Aber jetzt rauche ich nicht mehr.	لكن الان، تخليت عنه. lkun alan, takhllit eanh
Stört es Sie, wenn ich rauche?	أيزعجك إن دخنت؟ ayazeijk 'inn dakhnat
Nein, absolut nicht.	لا، على الإطلاق. la, ealaa al'iitlaq
Das stört mich nicht.	هذا لا يزعجني. hdha la yazeajani
Trinken Sie etwas?	أ تشرب شيئًا؟ a tashrub shyyana
Einen Cognac?	قدحًا من الكونياك؟ qdhaan min alkawniak
Nein, lieber ein Bier.	لا، أفضل كأسًا من الجعة. la, 'afdal kasaan min aljieati

Small Talk 3

محادثة قصيرة
،رقم ٣
mhadathat qasirat ,rqum 3

Reisen Sie viel?

أتسافر كثيرًا؟
atasafir kthyrana

Ja, meistens sind das Geschäftsreisen.

نعم، وغالبًا ما تكون رحلات عمل.
neimma, wghalbana ma takun rihlat eaml

Aber jetzt machen wir hier Urlaub.

ولكن الآن نمضي الإجازة هنا.
wlkn alan namdi al'iijazat huna

Was für eine Hitze!

ما هذا الحر!
ma hdha alhr

Ja, heute ist es wirklich heiß.

نعم، بالفعل اليوم حار جدًا.
neum, balfel alyawm harr jdana

Gehen wir auf den Balkon.

لنخرج إلى الشُرفة.
lnnakhruj 'iilaa alshurf

Morgen gibt es hier eine Party.

غدًا ستقام حفلة هنا.
ghdaan satuqam haflatan huna

Kommen Sie auch?

هل ستاتي ايضا؟
hl satati ayda

Ja, wir sind auch eingeladen.

طبعًا، فنحن مدعوّون.
tbeaan, fnhn mdewwwn

Fremdsprachen
lernen

تعلم اللغات
الأجنبية
tealm alllughat al'ajnabiat

Wo haben Sie Spanisch gelernt?	أين تعلمت الأسبانية؟ aiyn taelimat al'asbany
Können Sie auch Portugiesisch?	هل تتكلم البرتغالية أيضًا؟ hl tatakallam alburtughaliat aydaan
Ja, und ich kann auch etwas Italienisch.	نعم، وأتكلم الإيطالية قليلاً. neimma, wa'atakallam al'iitaliat qlylaan
Ich finde, Sie sprechen sehr gut.	أرى أنك تتحدث بشكل جيد للغاية. araa 'annak tatahaddath bishakl jayid lilghayata
Die Sprachen sind ziemlich ähnlich.	اللغات متشابهة إلى حد ما. alllighat mtshabht 'iilaa hadd ma
Ich kann sie gut verstehen.	أستطيع أن أفهمها جيدًا. astatie 'ann 'afhamaha jydana
Aber sprechen und schreiben ist schwer.	لكن التكلم والكتابة فيهما صعوبة. lkinn alttakallum walkitabat fihima saeubat
Ich mache noch viele Fehler.	لا أزال أرتكب الكثير من الأخطاء. la 'azal 'artakib alkthyr min al'akhta'i
Bitte korrigieren Sie mich immer.	أرجو أن تصحح لي في كل مرة. arju 'ann tashah li fi kl mirrata

Fremdsprachen lernen

تعلم اللغات الأجنبية

tealm alllughat al'ajnabiat

Ihre Aussprache ist ganz gut.	نطقك سليم للغاية. ntiqk salim llilghayati
Sie haben einen kleinen Akzent.	لكن لديك لكنة بسيطة. lkin ladayk lakunnat basitata
Man erkennt, woher Sie kommen.	يستطيع المرء أن يعرف من أين أنت. ysatatie almar' 'an yaerif min 'ayn 'anta
Was ist Ihre Muttersprache?	ما هي لغتك الأم؟ mma hi laghtuk al'am
Machen Sie einen Sprachkurs?	هل أنت مشترك في دورة لغوية؟ hl 'ant mushtarak fi dawrat laghawit
Welches Lehrwerk benutzen Sie?	أي منهاج تستخدم؟ ay munhaj tastkhdm'
Ich weiß im Moment nicht, wie das heißt.	في الواقع لا أتذكر اسمه. fi alwaqie la 'atadhakkar asmuha
Mir fällt der Titel nicht ein.	العنوان لا يخطر ببالي الآن. aleunwan la yukhtir bibali alana
Ich habe das vergessen.	لقد نسيته. lqud nasibath

Verabredung

الموعد
almawed

| Hast du den Bus verpasst? | هل فاتتك الحافلة؟ |
| | hl fattk alhafilatu |

Ich habe eine halbe Stunde auf dich gewartet.

لقدانتظرتك لنصف ساعة.
lqudantzartk linisf saeta

Hast du kein Handy bei dir?

ألا تحمل هاتفًا جوالاً؟
ala tahmil hatfaan jwalaan'

Sei das nächste Mal pünktlich!

كن دقيقًافي موعدك المرة القادمة!
kn dqyqaanfy maweidak almarrat alqadimat

Nimm das nächste Mal ein Taxi!

خذ سيارة أجرة في المرة القادمة!
khdh sayarat 'ujrat fi almarrat alqadimat

Nimm das nächste Mal einen Regenschirm mit!

في المرة القادمة: اصطحب معك مظلة ضد المطر!
fi almarrat alqadimati: astahab maeak mizallat didd almutra

Morgen habe ich frei.

غدًا عندي عطلة.
ghdaan eindi eutalata

Wollen wir uns morgen treffen?

هل سنلتقى غدًا؟
hl sanaltaqi ghdana

Tut mir Leid, morgen geht es bei mir nicht.

يؤسفني، غدًا لا يناسبني.
ywasifni, ghdana la yanasibni

Verabredung

الموعد
almawed

Hast du dieses Wochenende schon etwas vor?	أعندك خطط لنهاية هذا الأسبوع؟ aeindak khutat linihayat hdha alasbwe
Oder bist du schon verabredet?	ام انك على موعد؟ am 'innak ealaa mawed
Ich schlage vor, wir treffen uns am Wochenende.	أقترح أن نلتقي في نهاية الأسبوع. aqtarih 'ann naltaqi fi nihayat al'usbue
Wollen wir Picknick machen?	أترغب في القيام بنزهة؟ atarghib fi alqiam binazhati
Wollen wir an den Strand fahren?	هل نذهب إلى الشاطئ؟ hl nadhhab 'iilaa alshshati
Wollen wir in die Berge fahren?	هل نذهب الى الجبال ؟ hl nadhhab 'iilaa aljibal
Ich hole dich vom Büro ab.	سأمر لأخذك من المكتب. s'umur li'akhdhik min almaktiba
Ich hole dich von zu Hause ab.	سأمر لآخذك من المنزل. s'amur lakhidhik min almunzili
Ich hole dich an der Bushaltestelle ab.	سأمرلآخذك من موقف الحافلات. s'amrlakhidhik min mawqif alhafilata

Ich möchte zum Bahnhof.

أود الذهاب إلى محطة القطار.
uwd aldhdhahab 'iilaa mahattat alqatar'

Ich möchte zum Flughafen.

أود الذهاب إلى المطار.
uwd aldhdhahab 'iilaa almatar'

Ich möchte ins Stadtzentrum.

أود الذهاب إلى مركز المدينة.
uwd aldhdhahab 'iilaa markaz almudinat'

Wie komme ich zum Bahnhof?

كيف أصل إلى محطة القطار؟
kif 'asl 'iilaa mahattat alqitar

Wie komme ich zum Flughafen?

كيف أصل إلى المطار؟
kif 'asl 'iilaa almatar

Wie komme ich ins Stadtzentrum?

كيف أصل إلى مركز المدينة؟
kif 'asl 'iilaa markaz almadinat

Ich brauche ein Taxi.

أحتاج لسيارة أجرة.
ahtaj lsiaarat 'ajrat

Ich brauche einen Stadtplan.

أحتاج لمخطط المدينة.
ahtaj lmukhattat almadinat

Ich brauche ein Hotel.

أحتاج لفندق.
ahitaj lafunadiq

In der Stadt

في المدينة
fi almadinat

Ich möchte ein Auto mieten.	أريد أن أستأجر سيارة. arid 'ann 'astajir sayarata
Hier ist meine Kreditkarte.	هذه بطاقتي الائتمانية. hdhih bitaqati alaytimaniat
Hier ist mein Führerschein.	هذه رخصة القيادة. hdhih rukhsat alqiadata
Was gibt es in der Stadt zu sehen?	ما الجدير بالرؤيا في المدينة؟ ma aljadir bialrruya fi almadinat
Gehen Sie in die Altstadt.	اذهب إلى المدينة القديمة. adhhab 'iilaa almadinat alqadiamat
Machen Sie eine Stadtrundfahrt.	قم بجولة في المدينة. qum bijawlat fi almadinata
Gehen Sie zum Hafen.	اذهب إلى الميناء. 'adhhb 'iilaa almayna
Machen Sie eine Hafenrundfahrt.	قم بجولة في الميناء. qm bijawlat fi almayna'a
Welche Sehenswürdigkeiten gibt es außerdem noch?	هل هنالك معالم اخرى جديرة بالرؤيا؟ hl hnalk maealim 'ukhraa jadirat bialrruya

In der Natur

في الطبيعة
fi alttabieat

Siehst du dort den Turm?

أترى ذلك البرج؟
ataraa dhlk albarj

Siehst du dort den Berg?

أترى ذلك الجبل؟
ataraa dhlk aljbl

Siehst du dort das Dorf?

أترى تلك القرية؟
ataraa tilk alqarit

Siehst du dort den Fluss?

أترى ذلك النهر؟
ataraa dhlk alnnahr

Siehst du dort die Brücke?

أترى ذلك الجسر؟
ataraa dhlk aljusr

Siehst du dort den See?

أترى تلك البحيرة؟
ataraa tilk albahayrat

Der Vogel da gefällt mir.

يعجبني ذلك الطير.
yeajabni dhlk alttiru

Der Baum da gefällt mir.

تعجبني تلك الشجرة.
teajbni tilk alshshajrat

Der Stein hier gefällt mir.

تعجبني هذه الصخرة.
teajabni hadhih alssakhrat

In der Natur

في الطبيعة
fi alttabieat

Der Park da gefällt mir.	يعجبني ذلك المنتزه. yeajabni dhlk almuntizuha
Der Garten da gefällt mir.	تعجبني تلك الحديقة. teajabni tilk alhadiqat
Die Blume hier gefällt mir.	تعجبني هذه الزهرة. teajabni hadhih alzzahrat

Ich finde das hübsch.	أجد هذا جميلاً. ajid hdha jmylaan
Ich finde das interessant.	أجد هذا ممتعًا. ajid hdha mmteaan
Ich finde das wunderschön.	أجد هذا رائعًا. ajid hdha rayeaan

Ich finde das hässlich.	أجد هذا قبيحًا. ajid hdha qbyhana
Ich finde das langweilig.	أجد هذا مُملاً. ajid hdha mumlaan
Ich finde das furchtbar.	أجد هذا مرعبًا. ajid hdha mrebaan

Im Hotel –
Ankunft

فى الفندق –
الوصول
fa alfunduq - alwusul

Haben Sie ein Zimmer frei?	ألديكم غرفة شاغرة؟
	alidikum ghurfat shaghirata
Ich habe ein Zimmer reserviert.	لقدقمت بحجز غرفة.
	lqudqamt bihajz gharfat
Mein Name ist Müller.	اسمى مولر.
	asma mwlr
Ich brauche ein Einzelzimmer.	أحتاج إلى غرفة مفردة.
	ahtaj 'iilaa ghurfat mufridata
Ich brauche ein Doppelzimmer.	أحتاج إلى غرفة مزدوجة.
	ahtaj 'iilaa ghurfat mzdawijat
Wie viel kostet das Zimmer pro Nacht?	كم سعر الغرفة في الليلة؟
	km sier alghurfat fi alllaylati
Ich möchte ein Zimmer mit Bad.	أريد غرفة مع حمام.
	arid ghurfatan mae hamama
Ich möchte ein Zimmer mit Dusche.	أريد غرفة مع دش.
	arid ghurfat mae dsh
Kann ich das Zimmer sehen?	أيمكنني رؤية الغرفة؟
	ayumknni ruyat algharfat

Im Hotel –
Ankunft

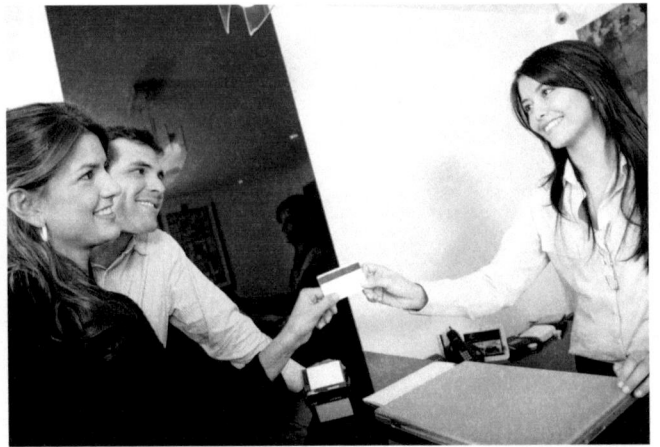

فى الفندق –
الوصول
fa alfunduq - alwusul

Gibt es hier eine Garage?

هل لديكم مرآب؟
hl ladaykum mmurab

Gibt es hier einen Safe?

هل لديكم خزانة آمانات؟
hl lladaykim khizanat amanat

Gibt es hier ein Fax?

هل لديكم جهاز فاكس؟
hl ladaykum jihaz faks

Gut, ich nehme das Zimmer.

لا بأس، سآخذ الغرفة.
lla basan, sakhidh algharfat

Hier sind die Schlüssel.

إليك المفاتيح.
iilayk almafatiuha'

Hier ist mein Gepäck.

هذه أمتعتى.
hdhih 'amtaeti

Um wie viel Uhr gibt es Frühstück?

متى موعد الإفطار؟
mtaa maweid al'iiftar

Um wie viel Uhr gibt es Mittagessen?

متى موعد الغداء؟
'mtaa maweid alghada

Um wie viel Uhr gibt es Abendessen?

متى موعد العشاء؟
'mtaa maweid alesha

54

Im Hotel –
Beschwerden

في الفندق ــ
الشكاوى
fi alfunduq alshshakawaa

Die Dusche funktioniert nicht.

الدش لا يعمل.
alddash la yaeml

Es kommt kein warmes Wasser.

لا يوجد ماء ساخن.
lla yujad ma' sakhn

Können Sie das reparieren lassen?

أيمكنك إرسال أحد لإصلاحه؟
aymkink 'iirsal ahd li'iislahh

Es gibt kein Telefon im Zimmer.

لا هاتف في الغرفة.
la hatif fi algharf

Es gibt keinen Fernseher im Zimmer.

ولا جهاز تلفاز في الغرفة.
wla jihaz tilfaz fi algharfat

Das Zimmer hat keinen Balkon.

لا شرفة للغرفة.
lla shurfat lilgharfati

Das Zimmer ist zu laut.

الغرفة صاخبة.
alghurfat sakhibata

Das Zimmer ist zu klein.

الغرفة جدًا صغيرة.
alghurfat jdaan saghirata

Das Zimmer ist zu dunkel.

الغرفة مظلمة للغاية.
alghurfat muzlimat lilghayata

Im Hotel –
Beschwerden

في الفندق ــ
الشكاوى
fi alfunduq alshshakawaa

Die Heizung funktioniert nicht.

التدفئة لا تعمل.
alttadfiat la taemal

Die Klimaanlage funktioniert nicht.

المكيف لا يعمل.
almukif la yaemal

Der Fernseher ist kaputt.

جهاز التلفاز معطل.
jhaz alttalfaz muetil

Das gefällt mir nicht.

ذلك لا يعجبني.
dhllak la yaejabni

Das ist mir zu teuer.

ذلك مكلف للغاية.
dhlluk mukallaf llilghayati

Haben Sie etwas Billigeres?

أ لديكم ما هو أرخص؟
a ladaykim ma hu 'arkhs

Gibt es hier in der Nähe eine
Jugendherberge?

هل هناك بيوت للشباب بالقرب؟
hl hunak buyut lilshshabab bialqarb

Gibt es hier in der Nähe eine Pension?

هل هناك فندق ومطعم عائلي قريب؟
hl hunak funduq wamateam eayili qaryb

Gibt es hier in der Nähe ein Restaurant?

هل هناك مطعم قريب؟
hl hunak mateam qarib

Im Restaurant 1

فى المطعم ١
fa almuteam 1

Ist der Tisch frei?

هل هذه الطاولة شاغرة؟
hl hadhih alttawilat shaghirat

Ich möchte bitte die Speisekarte.

من فضلك، لائحة الطعام.
mn fadlaka, layihat alttaeam

Was können Sie empfehlen?

بما تنصحني؟
bma tansahuny

Ich hätte gern ein Bier.

أريد كأسًا من الجعة؟.
arid kasaan min aljaeti

Ich hätte gern ein Mineralwasser.

أريد مياه معدنية.
arid miah maedaniata

Ich hätte gern einen Orangensaft.

أريد عصير البرتقال.
arid easir alburataqal

Ich hätte gern einen Kaffee.

أريد فنجان قهوة.
arid fanajan qahwta

Ich hätte gern einen Kaffee mit Milch.

أريد القهوة مع الحليب.
arid alqahwat mae alhaliba

Mit Zucker, bitte.

مع السكر، من فضلك.
mae alssikri, min fadalik

Im Restaurant 1

فى المطعم ١
fa almuteam 1

Ich möchte einen Tee.

أريد فنجان شاي.
arid fanjan shaya

Ich möchte einen Tee mit Zitrone.

أريد الشاي مع الليمون.
arid alshshay mae alllayamun

Ich möchte einen Tee mit Milch.

أريد الشاي مع الحليب.
arid alshshay mae alhaliba

Haben Sie Zigaretten?

ألديكم سجائر؟
alidikum sjayr

Haben Sie einen Aschenbecher?

ألديكم منفضة؟
alidikum mmunfidata

Haben Sie Feuer?

ألديكم ولاعة؟
alidikum walaeatu

Mir fehlt eine Gabel.

تنقصني شوكة.
ttanqusni shawkata

Mir fehlt ein Messer.

ينقصني سكين.
ynqusni sakin

Mir fehlt ein Löffel.

تنقصني ملعقة.
ttanqusni muleaqat

Im Restaurant 2

فى المطعم ٢
fa almuteam 2

Einen Apfelsaft, bitte.

من فضلك، عصير التفاح.
mn fadaluka, easir alttafaha

Eine Limonade, bitte.

من فضلك، عصيرالليمون.
mn fadluka, esyrallaymun

Einen Tomatensaft, bitte.

من فضلك، عصير البندورة.
mn faddaluka, easir albandawrat

Ich hätte gern ein Glas Rotwein.

من فضلك، كأس نبيذ أحمر.
mn fadalka, kas nabidh 'ahmir

Ich hätte gern ein Glas Weißwein.

من فضلك، كأس نبيذ أبيض.
mn fadalka, kas nnabidh 'abid

Ich hätte gern eine Flasche Sekt.

من فضلك، زجاجة شمبانيا.
mn faddaluka, zujajat shambaniaa

Magst du Fisch?

هل تحب السمك؟
hl tuhibb alssamk

Magst du Rindfleisch?

هل تحب لحم البقر؟
hl tuhibb lahm albuqr

Magst du Schweinefleisch?

هل تحب لحم الخنزير؟
hl tuhibb lahm alkhinazir

Im Restaurant 2

فى المطعم ٢
fa almuteam 2

Ich möchte etwas ohne Fleisch.	أريدشيئًا بدون لحم. arydshyyaan bidun lahma
Ich möchte eine Gemüseplatte.	أريدطبق خضروات مشكلة. aridtbiq khudarawat mushkl'
Ich möchte etwas, was nicht lange dauert.	أريد شيئًا على وجه السرعة. arid shyyaan ealaa wajh alssareat
Möchten Sie das mit Reis?	هل تريده مع الأرز؟ hl turiduh mae al'arz
Möchten Sie das mit Nudeln?	هل تحبه مع المعكرونة؟ hl tuhibbuh mae almaekarunati
Möchten Sie das mit Kartoffeln?	هل تريده مع البطاطا؟ hl turiduh mae albatata
Das schmeckt mir nicht.	لا أستسيغ هذا الطعام. la 'astasigh hdha alttaeama
Das Essen ist kalt.	الطعام بارد. alttaeam bard
Das habe ich nicht bestellt.	لم أطلب ذلك. lm 'atlub dhalluka

Im Restaurant 3

فى المطعم ٣
fa almuteam 3

Ich möchte eine Vorspeise.

أريد صحن مقبلات.
arid sihn muqbilata

Ich möchte einen Salat.

أريد صحن سلطة.
arid sihn salatata

Ich möchte eine Suppe.

أريد صحن حساء.
arid sihn hasa'a

Ich möchte einen Nachtisch.

أريدبعض الحلوى.
aridabead alhulwaa'

Ich möchte ein Eis mit Sahne.

أريد بوظة مع القشطة
arid bawzatan mae alqashtat

Ich möchte Obst oder Käse.

أريد فواكه أو جبنة.
arid fawakih 'aw jabnata

Wir möchten frühstücken.

نريد أن نفطر.
nrid 'ann nuftira

Wir möchten zu Mittag essen.

نريد تناول الغداء.
nrid tanawal alghada'a

Wir möchten zu Abend essen.

نريد تناول العشاء.
nrid tanawal aleasha'a

Im Restaurant 3

فى المطعم ٣
fa almuteam 3

Was möchten Sie zum Frühstück?

ما ترغبه مع الفطور؟
mma targhabuh mae alfatur

Brötchen mit Marmelade und Honig?

خبز مع مربى وعسل؟
khbiz mae marabba waesl

Toast mit Wurst und Käse?

خبز محمص مع سجق وجبنة؟
khbiz muhammas mae sajq wajabnat

Ein gekochtes Ei?

بيضة مسلوقة؟
bidat masluqt

Ein Spiegelei?

بيضة مقلية؟
biadat maqalit

Ein Omelett?

عجة بيض؟
eajat bid

Bitte noch einen Joghurt.

من فضلك، زبدية لبن ثانية.
mn fadluka, zabdiatan llaban thaniata

Bitte noch Salz und Pfeffer.

من فضلك،بعض الملح والفلفل.
mn fadalaka,baed almulihh walfalfil

Bitte noch ein Glas Wasser.

من فضلك،كوب ماء إضافي.
mn fadalik,kub ma' 'iidafi

Im Restaurant 4

في المطعم ٤
fi almuteeam 4

Einmal Pommes frites mit Ketchup.	صحن بطاطا مقلية مع صلصة البندورة.
	shin bitata maqaliat mae sulsat albndwr
Und zweimal mit Mayonnaise.	وصحنان مع المايونيز,
	wsihnan mae almayuniz
Und dreimal Bratwurst mit Senf.	وثلاثة مع نقانق مقلية وخردل.
	wthlatht mae naqaniq mqlyt wakhardil
Was für Gemüse haben Sie?	ما هي الخضروات التي لديكم؟
	ma hi alkhudarawat alty ladaykum
Haben Sie Bohnen?	ألديكم حب فاصولياء؟
	alidikum hubb fasulia'a
Haben Sie Blumenkohl?	ألديكم قرنبيط / زهرة؟
	alidikum qarnabit / zahrata
Ich esse gern Mais.	أحب أكل الذرة.
	ahib 'akl aldhdhrrata
Ich esse gern Gurken.	أحب أكل الخيار.
	ahib 'akl alkhiar
Ich esse gern Tomaten.	أحب أكل البندورة.
	ahib 'akl albandurat

Im Restaurant 4

في المطعم ٤
fi almuteeam 4

Essen Sie auch gern Lauch?

أتحب الكراث أيضًا ؟
atahib alkirath aydana

Essen Sie auch gern Sauerkraut?

أتحب مخلل الملفوف أيضًا ؟
athab mukhallal almalfuf aydana

Essen Sie auch gern Linsen?

أتحب العدس أيضًا ؟
atahab aleads aydana

Isst du auch gern Karotten?

أتحب أيضآالجزر؟
atahib aydaaljzr

Isst du auch gern Brokkoli?

أتحب أيضًاالبروكلي؟
athb aydaanalbrwkly

Isst du auch gern Paprika?

أتحب أيضاالفلفل الأحمر؟
atahib 'aydaalflfl al'ahmar

Ich mag keine Zwiebeln.

لا أحب البصل.
la 'uhibb albasl

Ich mag keine Oliven.

لا أحب الزيتون.
lla 'uhibb alzzaytuna

Ich mag keine Pilze.

لا أحب الفطر.
la 'uhibb alfatr

33 [dreiunddreißig]

Im Bahnhof

فى محطة القطار
fa mahattat alqitar

Wann fährt der nächste Zug nach Berlin?

متى ينطلق القطار التالي إلى برلين؟
mtaa yantaliq alqitar alttali 'iilaa barlin

Wann fährt der nächste Zug nach Paris?

متى ينطلق القطار التالي إلى باريس؟
mta yantaliq alqitar alttali 'iilaa baris

Wann fährt der nächste Zug nach London?

متى ينطلق القطار التالي إلى لندن؟
mtaa yantaliq alqitar alttali 'iilaa landan

Um wie viel Uhr fährt der Zug nach Warschau?

متى ينطلق القطار إلى وارسو؟
mta yantaliq alqitar 'iilaa warsw

Um wie viel Uhr fährt der Zug nach Stockholm?

متى ينطلق القطار إلى ستوكهولم؟
mta yantaliq alqitar 'iilaa stwkhwlm

Um wie viel Uhr fährt der Zug nach Budapest?

متى ينطلق القطار إلى بودابست؟
mtaa yantaliq alqitar 'iilaa budabist

Ich möchte eine Fahrkarte nach Madrid.

أريد تذكرة سفر إلى مدريد.
arid tadhkirat safar 'iilaa madrid

Ich möchte eine Fahrkarte nach Prag.

أريد تذكرة سفر إلى براغ.
arid tadhkirat safar 'iilaa baragha

Ich möchte eine Fahrkarte nach Bern.

أريد تذكرة سفر إلى برن.
arid tadhkirat safar 'iilaa barn

33 [dreiunddreißig]

Im Bahnhof

فى محطة القطار
fa mahattat alqitar

Wann kommt der Zug in Wien an?	متى يصل القطار إلى فيينا؟ mtaa yasil alqitar 'iilaa fiinna
Wann kommt der Zug in Moskau an?	متى يصل القطار إلى موسكو؟ mtaa yasil alqitar 'iilaa mwskw
Wann kommt der Zug in Amsterdam an?	متى يصل القطار إلى أمستردام؟ mta yasil alqitar 'iilaa 'amstardam
Muss ich umsteigen?	هل علي أن أبدل القطار لمتابعة السفر؟ hl ealay 'an 'ubdil alqitar limutabaeat alssifr
Von welchem Gleis fährt der Zug ab?	من أي رصيف ينطلق القطار؟ mn 'ay rasif yantaliq alqatar
Gibt es Schlafwagen im Zug?	هل في القطار عربة نوم؟ hl fi alqitar earabat nwm
Ich möchte nur die Hinfahrt nach Brüssel.	أريد تذكرة ذهاب فقط إلى بروكسل. arid tadhkirat dhahab faqat 'iilaa bruksl
Ich möchte eine Rückfahrkarte nach Kopenhagen.	أريد تذكرة ذهاب وإياب إلى كوينهاغن. arid tadhkiratan dhahab wa'iiab 'iilaa kubinhaghn
Was kostet ein Platz im Schlafwagen?	كم كلفة المنامة في العربة؟ kum kulfat almanamat fi alearbat

34 [vierunddreißig]

Im Zug

فى القطار
faa alqitar

Ist das der Zug nach Berlin?

هل هذاهو القطار إلى برلين؟
hl hadhahu alqitar 'iilaa brlin

Wann fährt der Zug ab?

متى ينطلق القطار؟
mtaa yantaliq alqatar

Wann kommt der Zug in Berlin an?

متى يصل القطار إلى برلين؟
mtaa yasil alqitar 'iilaa birlin

Verzeihung, darf ich vorbei?

أتسمح لي بالمرور؟
atasmih li bialmarur

Ich glaube, das ist mein Platz.

أظن أن هذا مقعدي.
azin 'ann hdha mmuqeadi

Ich glaube, Sie sitzen auf meinem Platz.

أظن أنك تجلس على مقعدي.
azin 'annak tajlus ealaa maqeadi

Wo ist der Schlafwagen?

أين عربة النوم؟
aiyn eurabat alnwm

Der Schlafwagen ist am Ende des Zuges.

عربة النوم في آخر القطار.
eribat alnnawm fi akhir alqitar

Und wo ist der Speisewagen? – Am Anfang.

وأين عربة الطعام؟ ـــ في المقدمة.
waiyn eurbat alttaeam fi almuqaddamat

34 [vierunddreißig]

Im Zug

34 [أربعة وثلاثون]
arbet] 34
[wathalathwn

فى القطار
faa alqitar

Kann ich unten schlafen?	أيمكنني النوم في السرير السفلي؟ ayumknni alnnawm fi alssarir alssufli
Kann ich in der Mitte schlafen?	أيمكنني النوم في السرير الأوسط؟ ayumknni alnnawm fi alssarir al'awst
Kann ich oben schlafen?	أيمكنني النوم في السرير العلوي؟ ayumknni alnnawm fi alssarir aleuluy
Wann sind wir an der Grenze?	متى نصل إلى الحدود؟ mtaa nasil 'iilaa alhadud
Wie lange dauert die Fahrt nach Berlin?	كم تستغرق الرحلة إلى برلين؟ kum tastaghriq alrrihlat 'iilaa baralin
Hat der Zug Verspätung?	هل سيتأخر القطار؟؟ hl sayata'akhkhar alqitar
Haben Sie etwas zu lesen?	هل لديك شيء للقراءة؟ hil ladayk shayy lilqara'ati
Kann man hier etwas zu essen und zu trinken bekommen?	هل يمكن الحصول هنا على طعام وشراب؟ hl yumkin alhusul huna ealaa taeam washarab
Würden Sie mich bitte um 7.00 Uhr wecken?	أيمكنك إيقاظي في السابعة صباحاً؟ ayumkink 'iiqazi fi alssabieat sbahaan

68

35 [fünfunddreißig]

Am Flughafen

35 [خمسة وثلاثون]
khmst] 35
[wathlathwn

فى المطار
faa almatar

Ich möchte einen Flug nach Athen
buchen.

أريد أن أحجز تذكرة بالطائرة إلى أثينا.
arid 'ann 'ahjaz tadhkiratan bialttayirat 'iilaa 'athina

Ist das ein Direktflug?

هل هو طيران مباشر؟
hl hu tayaran mbashr

Bitte einen Fensterplatz, Nichtraucher.

من فضلك، مقعد على النافذة لغير المدخنين.
mn fadalaka, maqead ealaa alnnafidhat lighayr almudkhinina

Ich möchte meine Reservierung
bestätigen.

أريد أن أؤكد الحجز.
arid 'an 'uwakkid alhajz

Ich möchte meine Reservierung
stornieren.

أريد إلغاء الحجز.
arid 'iilgha' alhajz

Ich möchte meine Reservierung
umbuchen.

أريد تبديل الحجز.
arid tabdil alhajz

Wann geht die nächste Maschine nach
Rom?

متى تقلع الطائرة التالية إلى روما؟
mtaa taqlue alttayirat alttaliat 'iilaa ruma

Sind noch zwei Plätze frei?

أ ما زال هناك مقعدان؟
a ma zal hunak maqeadan

Nein, wir haben nur noch einen Platz frei.

لا ،لم يبق سوى مقعد واحد.
lla ,lam yabq siwaa maqead wahid

Am Flughafen

فى المطار
faa almatar

Wann landen wir?	متى سنهبط؟ mtaa sanahbt
Wann sind wir da?	متى سنصل؟ mta snsl
Wann fährt ein Bus ins Stadtzentrum?	متى تسير الحافلة إلى مركز المدينة؟ mtaa tasir alhafilat 'iilaa markaz almadinat
Ist das Ihr Koffer?	هل هذه حقيبتك؟ hl hadhih haqibatk
Ist das Ihre Tasche?	هل هذة حقيبتك الصغيرة؟ hl hudhdhat haqibtuk alssaghirat
Ist das Ihr Gepäck?	هل هذه أمتعتك؟ hl hadhih 'amtaeatk
Wie viel Gepäck kann ich mitnehmen?	ما وزن الأمتعة المسموح بها؟ ma wazn al'umtieat almasmuh biha
Zwanzig Kilo.	عشرون كيلو. eshirun kilw
Was, nur zwanzig Kilo?	كم؟ فقط عشرون كيلو؟ kma faqat eshrwn kilw

Öffentlicher Nahverkehr

وسائل النقل العام
wsayil alnnaql aleam

Wo ist die Bushaltestelle?	أين موقف الحافلة؟ ayn mawqif alhafilt
Welcher Bus fährt ins Zentrum?	أية حافلة تسير إلى مركز المدينة؟ ayat hafilat tasir 'iilaa markaz almadinat
Welche Linie muss ich nehmen?	أي خط عليى أن أستقله؟ ay khatt ealaay 'ann 'astaqilh'

Muss ich umsteigen?	هل علي تبديل الحافلة لمتابعة السفر؟ hl eali tabdil alhafilat limutabaeat alssifr
Wo muss ich umsteigen?	أين يجب تبديل الحافلة؟ ayn yjb tabdil alhafilt
Was kostet ein Fahrschein?	كم ثمن التذكرة ؟ kum thaman alttadhkira

Wie viele Haltestellen sind es bis zum Zentrum?	كم عدد المحطات حتى مركز المدينة؟ km eadad almahattat hatta markaz almadinat
Sie müssen hier aussteigen.	عليك أن تنزل هنا. elik 'an tunazzal huna
Sie müssen hinten aussteigen.	عليك النزول من الخلف. elik alnnuzul min alkhalfi

Öffentlicher
Nahverkehr

وسائل النقل العام
wsayil alnnaql aleam

Die nächste U-Bahn kommt in 5 Minuten.	قطار النفق التالي سيصل بعدخمس دقائق. qtar alnnafaq alttali sayasil bedkhms daqayq
Die nächste Straßenbahn kommt in 10 Minuten.	الحافلة الكهربائية التالية ستصل بعد عشر دقائق. alhafilat alkahrabayiyat alttaliat satasil baed eshr daqayiq
Der nächste Bus kommt in 15 Minuten.	الحافلة التالية ستصل بعد خمسة عشر دقيقة. alhafilat alttaliat satasil baed khmst eshr daqiqata

Wann fährt die letzte U-Bahn?	متى ينطلق آخر قطار نفق؟ mta yantaliq akhar qitar nfq
Wann fährt die letzte Straßenbahn?	متى تنطلق آخر حافلة كهربائية؟ mtaa tantaliq akhar hafilat kahrabayiy
Wann fährt der letzte Bus?	متى تنطلق آخر حافلة؟ mtaa tantaliq akhar hafilat

Haben Sie einen Fahrschein?	هل بحوزتك تذكرة سفر؟ hl bihawzatik tadhkirat sifr
Einen Fahrschein? – Nein, ich habe keinen.	تذكرة سفر؟ لا، ليست لدي. tdhikrat sufara la, laysat ladaya
Dann müssen Sie eine Strafe zahlen.	إذن عليك دفع غرامة. idhin ealayk dafe gharamata'

Unterwegs

فى الطريق
faa alttariq

Er fährt mit dem Motorrad.	إنه يركب دراجة نارية. innah yurakkib dirajat nariata'
Er fährt mit dem Fahrrad.	إنه يركب دراجة هوائية. innah yurakkib dirajat hawayiyata'
Er geht zu Fuß.	إنه يسير على الأقدام. innah yasir ealaa al'aqdami'
Er fährt mit dem Schiff.	مضى بالسفينة. mdaa bialssafinata
Er fährt mit dem Boot.	مضى بالقارب. mdaa bialqarib
Er schwimmt.	إنه يسبح. innah yusbih'
Ist es hier gefährlich?	هل هذا المكان خطر؟ hl hdha almakan khtr
Ist es gefährlich, allein zu trampen?	هل هناك خطر إن حاولت السفر بإيقاف سيارة؟ hl hunak khatar 'inn hawalat alssafar bi'iiqaf sayar
Ist es gefährlich, nachts spazieren zu gehen?	هل التنزه ليلاً خطر؟ hl alttanzuh lylaan khutr

37
[siebenunddreißig]

Unterwegs

فى الطريق
faa alttariq

Wir haben uns verfahren.	لقد ضللنا الطريق. lqad dalalna alttariuq
Wir sind auf dem falschen Weg.	نحن فى الطريق الخطأ. nhin fi alttariq alkhatua
Wir müssen umkehren.	علينا أن نعود من حيث أتينا. elina 'an nnaeud min hayth 'atina
Wo kann man hier parken?	أين يمكن إيقاف السيارة؟ aiyn yumkin 'iiqaf alssayart
Gibt es hier einen Parkplatz?	هل هناك موقف للسيارات؟ hl hunak mawqif lilssayarat
Wie lange kann man hier parken?	ما المدة التى يمكننى الوقوف هنا؟ ma almuddat alty yumkinuni alwuquf hna
Fahren Sie Ski?	هل تمارس التزحلق على الجليد؟ hl tumaras alttazahlq ealaa aljalid
Fahren Sie mit dem Skilift nach oben?	هل ستصعد إلى القمة بالمصعد الهوائى؟ hl sataseid 'iilaa alqimmat bialmaseid alhawayiy
Kann man hier Ski leihen?	هل يمكننى استئجار زلاجات؟ hl yumkinuni astijar zalajat

Im Taxi

فى سيارة الأجرة
faa sayarat al'ajrat

Rufen Sie bitte ein Taxi.	من فضلك، اطلب لي سيارة أجرة. mn fadalaka, 'atlub li sayarat 'ajrata
Was kostet es bis zum Bahnhof?	كم الإجرة حتى المحطة؟ kum al'iijrat hatta almahatat
Was kostet es bis zum Flughafen?	كم الإجرة حتى المطار؟ kum al'iijrat hatta almatar
Bitte geradeaus.	من فضلك، على طول. mn fadlaka, ealaa tul
Bitte hier nach rechts.	من فضلك، على اليمين. mn fadlaka, ealaa alyamin
Bitte dort an der Ecke nach links.	من فضلك، هناك عند الزاوية على اليسار. mn fadalaka, hunak eind alzzawiat ealaa alyasar
Ich habe es eilig.	أنا على عجلة. ana ealaa eajlata
Ich habe Zeit.	لدي وقت. ldi waqqata
Fahren Sie bitte langsamer.	من فضلك، سر ببطء. mn faddalaka, sirr bibat'a

38 [achtunddreißig]

Im Taxi

38 [ثمانيةٍ وثلاثون]
thmanyt] 38
[wathalathwn

فى سيارة الأجرة
faa sayarat al'ajrat

Halten Sie hier bitte.

من فضلك، توقف هنا.
mn faddalaka, tawaqqaf huna

Warten Sie bitte einen Moment.

انتظر لحظة، من فضلك.
antazar lahizatan, min fadaluk

Ich bin gleich zurück.

سأعود حالاً.
s'aeud halaan

Bitte geben Sie mir eine Quittung.

من فضلك،اعطني وصلاً.
mn fadalika,aetuni wslaan

Ich habe kein Kleingeld.

ليست لدي نقود صغيرة.
lysat laday naqud saghayrata

Es stimmt so, der Rest ist für Sie.

لا بأس ، البقية لك.
la bas , albaqiat laka

Fahren Sie mich zu dieser Adresse.

خذني إلى هذا العنوان.
khdhini 'iilaa hdha aleanwana

Fahren Sie mich zu meinem Hotel.

خذني إلى فندقي.
khdhini 'iilaa fandaqi

Fahren Sie mich zum Strand.

خذني إلى الشاطئ.
khdhini 'iilaa alshshatia

Autopanne

عطل في السيارة
etil fi alssayarat

Wo ist die nächste Tankstelle?

أين هي أقرب محطة للوقود ؟
ayn hi 'aqrab mahattatan lilwuqud

Ich habe einen Platten.

عندي إطار مثقوب.
endi 'iitar mathqub

Können Sie das Rad wechseln?

هل يمكنك تبديل الدولاب ؟
hl yumkinuk tabdil alddualab

Ich brauche ein paar Liter Diesel.

أنا بحاجة إلى عدة ليترات من المازوت.
ana bihajat 'iilaa edt lliatarat min almazuta

Ich habe kein Benzin mehr.

لم يبق لدي بنزين.
lam yabq laday binazin

Haben Sie einen Reservekanister?

هل لديك خزان إضافي ؟
hl ladayk khazzan 'iidafi

Wo kann ich telefonieren?

أين يمكنني الاتصال بالهاتف ؟
ayn yumkinuni alaittisal bialhatif

Ich brauche einen Abschleppdienst.

إني أحتاج إلى خدمة سحب السيارة.
iini 'ahtaj 'iilaa khidmat sahb alssayaarata'

Ich suche eine Werkstatt.

إني أفتش عن ورشة عمل.
iini 'aftash ean warshat eml'

39 [neununddreißig]

Autopanne

39 [تسعة وثلاثون]
tseat] 39
[wathlathwn

عطل في السيارة
etil fi alssayarat

Es ist ein Unfall passiert.	لقد وقع حادث. lqad waqae hadth
Wo ist das nächste Telefon?	أين أقرب هاتف ؟ ayn 'aqrab hatif
Haben Sie ein Handy bei sich?	هل لديك هاتف نقال ؟ hl ladayk hatif niqal
Wir brauchen Hilfe.	نحتاج إلى مساعدة. nhtaj 'iilaa musaeidata
Rufen Sie einen Arzt!	اطلب طبيبًا. atlb tbybaan
Rufen Sie die Polizei!	اتصل بالشرطة. attasl bialshshartat
Ihre Papiere, bitte.	أوراقك ، من فضلك. uwraquk , min fadaluk'
Ihren Führerschein, bitte.	إجازة القيادة، من فضلك. iijazat alqiadatu, min fadalik'
Ihren Kfz-Schein, bitte.	أوراق السيارة، من فضلك. uwraq alssiaarat, min fadaluk'

Nach dem Weg
fragen

الإستفهام عن
الطريق
al'iistufham ean alttariq

Entschuldigen Sie!	عفوًا !/ عذرًا !
	efwaan / edhraan
Können Sie mir helfen?	بإمكانك مساعدتي ؟
	b'iimkanuk musaeadatay
Wo gibt es hier ein gutes Restaurant?	أين أجد مطعمًا جيدًا ؟
	ayn 'ajid mtemaan jydaan
Gehen Sie links um die Ecke.	إنعطف على يسارك عند الزاوية.
	inetf ealaa yusarik eind alzzawiata'
Gehen Sie dann ein Stück geradeaus.	ثم سر قليلاً على طول.
	thm sirr qlylaan ealaa tul
Gehen Sie dann hundert Meter nach rechts.	وبعد مائة متر على اليمين.
	wbied miayat mitr ealaa alyamin
Sie können auch den Bus nehmen.	بإمكانك أن تستقل الحافلة أيضًا.
	b'iimkanuk 'ann tastaqill alhafilat aydaan
Sie können auch die Straßenbahn nehmen.	أو يمكنك أيضًا أخذ الحافلة الكهربائية / الترام.
	aw yumkinuk aydaan 'akhadh alhafilat alkahrabayiyat / alttarama
Sie können auch einfach hinter mir herfahren.	وبإمكانك أن تسير خلفي.
	wbi'iimkanik 'an tasir khalafay

Nach dem Weg
fragen

الإستفهام عن
الطريق
al'iistufham ean alttariq

Wie komme ich zum Fußballstadion?	كيف أصل إلى ملعب كرة القدم ؟ kyf 'asl 'iilaa maleab kurat alqadam
Überqueren Sie die Brücke!	اعبر الجسر ! aeibr aljisr
Fahren Sie durch den Tunnel!	سافر عبر النفق / إعبر النفق!. safr eabr alnnafaq / 'iiebar alnnafqa
Fahren Sie bis zur dritten Ampel.	سر حتى الإشارة الضوئية الثالثة. sr hatta al'iisharat alddawyiyat alththalithata
Biegen Sie dann die erste Straße rechts ab.	ثم انعطف بعد الشارع الأول نحو اليمين. thm aneataf baed alshsharie al'awwal nahw alyamin
Fahren Sie dann geradeaus über die nächste Kreuzung.	واستمر مباشرة حتى التقاطع القادم. wastamirr mubasharat hatta alttaqatue alqadima
Entschuldigung, wie komme ich zum Flughafen?	عفوًا ! كيف أصل إلى المطار ؟ efwaan kayf 'asl 'iilaa almatar
Am besten nehmen Sie die U-Bahn.	الأفضل أن تستقل قطار النفق. al'afdal 'ann tastaqill qitar alnnafqi
Fahren Sie einfach bis zur Endstation.	تابع السفر حتى المحطة النهائية. ttabae alssafar hatta almahattat alnnihayiyata

Orientierung

الإتجاه الصحيح
al'iitjah alssahih

Wo ist das Fremdenverkehrsamt?

أين هو المكتب السياحي ؟
ayn hu almaktab alssiahi

Haben Sie einen Stadtplan für mich?

هل يمكنك إعطائي مخططًا للمدينة ؟
hl yumkinuk 'iietayiy mkhttaan lilmadina

Kann man hier ein Hotelzimmer reservieren?

أيمكنني هنا حجز غرفة في فندق ؟
aymkanni huna hajaz ghurfat fi funduq

Wo ist die Altstadt?

أين هي المدينة القديمة؟
ayn hi almadinat alqadiamt

Wo ist der Dom?

أين هي الكاتدرائية؟
ayn hi alkatidrayy

Wo ist das Museum?

أين هو المتحف؟
ayn hu almuthf

Wo gibt es Briefmarken zu kaufen?

أين يمكنني شراء طوابع بريدية؟
ayn yumkinuni shira' tawabie brydi

Wo gibt es Blumen zu kaufen?

أين يمكنني شراء زهور؟
ayn yumkinuni shira' zhwr

Wo gibt es Fahrkarten zu kaufen?

أين يمكنني شراء تذاكر سفر؟
aiyn yumkinuni shira' tadhakur sifr

Orientierung

الإتجاه الصحيح
al'iitjah alssahih

Wo ist der Hafen?

أين هو المرفأ / الميناء؟
'aiyn hu almarfa / almina

Wo ist der Markt?

أين هو السوق؟
aiyn hu alssuq

Wo ist das Schloss?

أين هو القصر؟
ayn hu alqasr

Wann beginnt die Führung?

متى تبدأ الجولة؟
mtaa tabda aljawlat

Wann endet die Führung?

متى تنتهي الجولة ؟
mtaa tantahi aljawla

Wie lange dauert die Führung?

كم تدوم الجولة؟
kum tadawm aljawlat

Ich möchte einen Führer, der Deutsch
spricht.

أريد دليلاً سياحيًا يتكلم الألمانية.
arid dlylaan syahyaan yatakallam al'almaniata

Ich möchte einen Führer, der Italienisch
spricht.

أريد دليلاً سياحيًا يتكلم الإيطالية.
arid dlylaan syahyaan yatakallam al'iitaliata

Ich möchte einen Führer, der Französisch
spricht.

أريد دليلاً سياحيًا يتكلم يتكلم الافرنسية.
arid dlylaan syahyaan yatakallam yatakallam alafrnsy

42 [zweiundvierzig]

Stadtbesichtigung

زيارة المدينة
ziarat almadinat

Ist der Markt sonntags geöffnet?	هل يفتح السوق أيام الأحد؟
	hl yaftah alssuq 'ayam al'ahd
Ist die Messe montags geöffnet?	هل يفتح السوق الموسمي أيام الاثنين؟
	hl yaftah alssuq almawsimi 'ayam alaithnayn
Ist die Ausstellung dienstags geöffnet?	هل يفتح المعرض أيام الثلاثاء؟
	'hl yaftah almaerid 'ayam alththalatha

Hat der Zoo mittwochs geöffnet?

هل تفتح حديقة الحيوانات أيام الأربعاء؟
'hl taftah hadiqat alhayawanat 'ayam al'arbiea

Hat das Museum donnerstags geöffnet?

هل يفتح المتحف أيام الخميس؟
hl yaftah almuttahaf 'ayam alkhamis

Hat die Galerie freitags geöffnet?

هل يفتح معرض الصور أيام الجمعة؟
hl yaftah maerid alssuar 'ayam aljameati

Darf man fotografieren?

هل التصوير مسموح؟
hl alttaswir masmuh

Muss man Eintritt bezahlen?

هل علينا دفع رسم دخول؟
hl ealayna dafe rusim dakhul

Wie viel kostet der Eintritt?

كم هو رسم الدخول؟
kum hu rusim alddakhul

Stadtbesichtigung

زيارة المدينة
ziarat almadinat

Gibt es eine Ermäßigung für Gruppen?

هل هناك خصم للمجموعات؟
hl hunak khasm lilmajmueat

Gibt es eine Ermäßigung für Kinder?

هل هناك خصم للأطفال؟
hl hunak khasm llatfal

Gibt es eine Ermäßigung für Studenten?

هل هناك خصم للطلاب؟
hl hunak khasm lilttalab

Was für ein Gebäude ist das?

ما هو هذا المبنى؟
mma hu hdha almabanna

Wie alt ist das Gebäude?

هل المبنى قديم؟
hl almabnaa qadim

Wer hat das Gebäude gebaut?

من شيد ذلك المبنى؟
mn shayid dhlk almabnaa

Ich interessiere mich für Architektur.

أنا أهتم بالهندسة المعمارية.
ana 'ahtum bialhindasat almemary'

Ich interessiere mich für Kunst.

أنا أهتم بالفن.
ana 'ahtum bialfan'

Ich interessiere mich für Malerei.

أنا أهتم بالرسم.
ana 'ahtum bialrrasma'

43 [dreiundvierzig]

43 [ثلاثة وأربعون]
thlatht] 43
[wa'arbaeun

Im Zoo

فى حديقة الحيوان
fa hadiqat alhiwan

Dort ist der Zoo.	حديقة الحيوانات هناك. hdiqat alhayawanat hunaka
Dort sind die Giraffen.	هناك الزرافات. hnak alzzirafata
Wo sind die Bären?	أين هي الدببة. ayn hi alddabbata
Wo sind die Elefanten?	أين الفيلة؟ ayn alfaylat
Wo sind die Schlangen?	أين الأفاعي ؟ ayn al'afaei
Wo sind die Löwen?	أين الأسود؟ ayn al'aswd
Ich habe einen Fotoapparat.	لدي آلة تصوير. ldi alat taswir
Ich habe auch eine Filmkamera.	ولدي ايضأ آلة تصوير أفلام. wlidi ayada alat taswir 'aflama
Wo ist eine Batterie?	أين أجد بطارية؟ ayn 'ajid bitari

43 [dreiundvierzig]

Im Zoo

43 [ثلاثة وأربعون]
thlatht] 43
[wa'arbaeun

فى حديقة الحيوان
fa hadiqat alhiwan

Wo sind die Pinguine?	أين هي البطاريق؟ ayn hi albatariq
Wo sind die Kängurus?	أين هو الكنغر؟ ayn hu alknghr
Wo sind die Nashörner?	أين هي وحيدات القرن؟ ayn hi wahidat alqurn
Wo ist eine Toilette?	أين هو المرحاض؟ aiyn hu almarhad
Dort ist ein Café.	هناك مقهى. hnak maqhaa
Dort ist ein Restaurant.	هناك مطعم. hnak mateum
Wo sind die Kamele?	أين هي الجمال؟ ayn hi aljmal
Wo sind die Gorillas und die Zebras?	أين هيالغوريلا والحمار الوحشي؟ ayn hialghurila walhamar alwahshy
Wo sind die Tiger und die Krokodile?	أين هي النمور والتماسيح؟ ayn hi alnnumur walttamasih

44 [vierundvierzig]

Abends ausgehen

44 [أربعة وأربعون]
arbieat] 44
[wa'arbaeun

الخروج مساءً
alkhuruj msa'an

Gibt es hier eine Diskothek?	هل هناك مرقص؟ hl hunak mirqs
Gibt es hier einen Nachtclub?	هل هناك ملهى ليلي؟ hl hunak mulhaa llily
Gibt es hier eine Kneipe?	هل هناك حانة؟ hl hunak hant
Was gibt es heute Abend im Theater?	ما يعرض الليلة على المسرح؟ mma yuearrid alllaylat ealaa almasrh
Was gibt es heute Abend im Kino?	ما يعرض الليلة في السينما ؟ ma yuearrid alllaylat fi alssinama
Was gibt es heute Abend im Fernsehen?	ما يقدم الليلة في التلفاز ؟ ma yuqaddim alllaylat fi alttalfaz
Gibt es noch Karten fürs Theater?	ألا تزال هناك تذاكر للمسرح ؟ ala tazal hunak tadhakur lilmasrah
Gibt es noch Karten fürs Kino?	ألا تزال هناك تذاكر للسينما ؟ ala tazal hunak tadhakur lilssinama
Gibt es noch Karten für das Fußballspiel?	ألا تزال هناك تذاكر للعبة كرة القدم؟ ala tazal hunak tadhakur liluebat kurat alqadm

44 [vierundvierzig]

Abends ausgehen

الخروج مساءً
alkhuruj msa'an

Ich möchte ganz hinten sitzen.

أريد أن أجلس في الخلف.
urid 'ann 'ajlis fi alkhalf'

Ich möchte irgendwo in der Mitte sitzen.

أريد أن أجلس في الوسط.
urid 'ann 'ajlis fi alwusta'

Ich möchte ganz vorn sitzen.

أريد أن أجلس في الأمام.
arid 'ann 'ajlis fi al'amama

Können Sie mir etwas empfehlen?

أتنصحني بشيء ما؟
atansahni bishay' ma

Wann beginnt die Vorstellung?

متى يبدأ العرض؟
mtaa yabda aleurd

Können Sie mir eine Karte besorgen?

هل بامكانك أن تؤمن لي تذكرة؟
hil biamkanik 'an tumin li tadhkirata

Ist hier in der Nähe ein Golfplatz?

هل هناك ملعب غولف قريب ؟
hl hunak maleab ghulf qarib

Ist hier in der Nähe ein Tennisplatz?

هل هناك ملعب لكرة المضرب قريب ؟
hl hunak maleab likurat almidrab qarib

Ist hier in der Nähe ein Hallenbad?

هل هناك مسبح داخلي قريب؟
hl hunak musabbih dakhili qarib

45 [fünfundvierzig]

Im Kino

فى السينما
faa alssinma

Wir wollen ins Kino.	نريد الذهاب إلى السينما. nrid aldhdhahab 'iilaa alssinima
Heute läuft ein guter Film.	اليوم يعرض فيلم جيد. aliawm yuearrid film jid
Der Film ist ganz neu.	الفيلم جديد. alfilam jadid
Wo ist die Kasse?	أين شباك التذاكر؟ aiyn shibak altdhakr
Gibt es noch freie Plätze?	هل هناك مقاعد شاغرة؟ hl hunak maqaeid shaghirt
Was kosten die Eintrittskarten?	كم تكلف تذكرة الدخول؟ kum tukallif tadhkirat aldkhwl
Wann beginnt die Vorstellung?	متى يبدأ العرض؟ mtaa yabda aleurd
Wie lange dauert der Film?	كم يدوم الفيلم؟ kum yadawm alfaylm
Kann man Karten reservieren?	أيمكن حجر بطاقات دخول؟ aymkn hajar bitaqat dkhwl

45 [fünfundvierzig]

Im Kino

45 [خمسة وأربعون]
khmissat] 45
[wa'arbaeun

فى السينما
faa alssinma

Ich möchte hinten sitzen.	<div dir="rtl">أريد أن أجلس فى الخلف. urid 'ann 'ajlis fi alkhalf'</div>
Ich möchte vorn sitzen.	<div dir="rtl">أريد أن أجلس فى الأمام. arid 'ann 'ajlis fi al'amama</div>
Ich möchte in der Mitte sitzen.	<div dir="rtl">أريد أن أجلس فى الوسط. urid 'ann 'ajlis fi alwusta'</div>
Der Film war spannend.	<div dir="rtl">كان الفيلم مشوقًا. kan alfilm mshwqaan</div>
Der Film war nicht langweilig.	<div dir="rtl">لم يكن الفيلم مملاً. lm yakun alfilm mmlaan</div>
Aber das Buch zum Film war besser.	<div dir="rtl">لكن كتاب الفيلم كان أفضل. lkin kitab alfilm kan 'afdal</div>
Wie war die Musik?	<div dir="rtl">كيف كانت الموسيقى؟ kif kanat almusiqaa</div>
Wie waren die Schauspieler?	<div dir="rtl">كيف كان الممثلون؟ kif kan almumthiluna</div>
Gab es Untertitel in englischer Sprache?	<div dir="rtl">أكانت هناك ترجمة حوار الفيلم بالإنجليزية؟ akanat hunak tarjamat hiwar alfilm bial'iinjalizit</div>

In der Diskothek

فى المرقص
faa almurqas

Ist der Platz hier frei?

هل هذاالمقعد شاغر؟
hl hdhaalmqed shaghr

Darf ich mich zu Ihnen setzen?

أتسمح لي بالجلوس بقربك؟
atasmah li bialjulus biqarabk

Gern.

بكل سرور.
bkul sarur

Wie finden Sie die Musik?

كيف وجدت الموسيقى؟
kif wajadat almusiqaa

Ein bisschen zu laut.

عالية بعض الشيء.
ealit bed alshshayya

Aber die Band spielt ganz gut.

ولكن الفرقة تعزف بشكل جيد للغاية.
wlikun alfurqat taezuf bishakl jayid lilghayata

Sind Sie öfter hier?

هل تأيي باستمرار إلى هنا؟
hl tay biaistimrar 'iilaa hna

Nein, das ist das erste Mal.

لا، هذه هي المرة الأولى.
la, hadhih hi almarrat al'uwlaa

Ich war noch nie hier.

لم أكن هنا من فبل.
lm 'akun huna min fbl

46 [sechsundvierzig]

In der Diskothek

فى المرقص
faa almurqas

Tanzen Sie?

Später vielleicht.

Ich kann nicht so gut tanzen.

أتحب أن ترقص؟
atahib 'ann tarqs

ربما في وقت لاحق.
rbima fi waqt lahiqa

لا أتقن الرقص تمامًا.
lla 'atqan alrraqs tmamaan

Das ist ganz einfach.

Ich zeige es Ihnen.

Nein, lieber ein anderes Mal.

هذا سهل للغاية.
hdha sahl lilghayati

سأريك ذلك.
s'arik dhaluk

لا، أفضل في فرصة أخرى.
la, 'afdal fi fursat 'ukhraa

Warten Sie auf jemand?

Ja, auf meinen Freund.

Da hinten kommt er ja!

أتنتظر أحدًا؟
atantazur ahdaan

نعم، صديقي.
neum, sadiqi

إنه هناك، ها هو قادم.
innah hunaka, ha hu qaduma'

Reisevorbereitungen

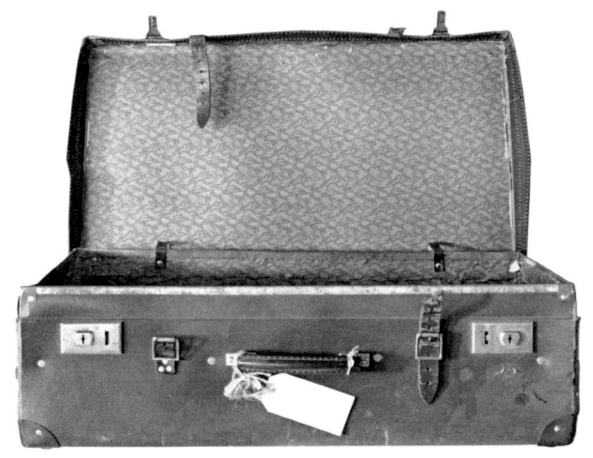

اتحضير للسفر
athdir lilssufr

Du musst unseren Koffer packen!	عليك أن تحزمي حقيبتنا! elik 'ann tahzami haqybtna
Du darfst nichts vergessen!	إياك أن تنسي شيئًا! iiak 'ann tansi shyyaan'
Du brauchst einen großen Koffer!	إنك تحتاجين إلى حقيبة كبيرة. innak tahtajin 'iilaa haqibat kabirata'
Vergiss nicht den Reisepass!	لا تنسي جواز السفر! lla tunsi jawaz alssifr
Vergiss nicht das Flugticket!	لا تنسي تذكرة الطائرة! lla tunsi tadhkirat alttayirat
Vergiss nicht die Reiseschecks!	لا تنسي الشيكات السياحية! lla tunsi alshshayikat alssayahiat
Nimm Sonnencreme mit.	خذي المرهم الواقي من الشمس. khdhi almarrahum alwaqi min alshshams
Nimm die Sonnenbrille mit.	خذي معك النظارات الشمسية. khdhi maeak alnnizarat alshshamsiata
Nimm den Sonnenhut mit.	خدي قبعة تحميك من الشمس. khdi qibeatan tahmik min alshshams

Reisevorbereitung
en

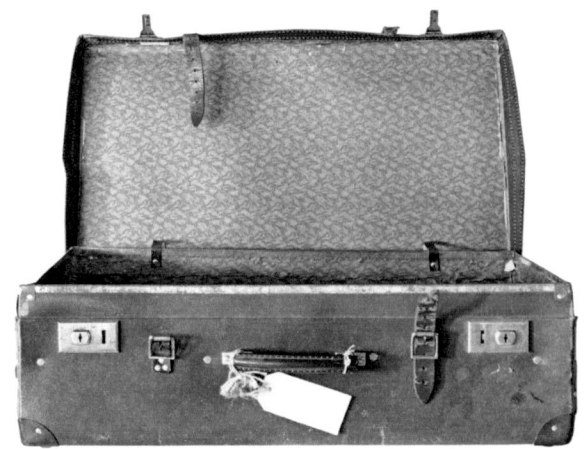

اتحضير للسفر
athdir lilssufr

Willst du eine Straßenkarte mitnehmen?	هل تريد خريطة للطريق؟
	hl turid kharitat lilttariq
Willst du einen Reiseführer mitnehmen?	هل تريد دليلاً سياحياً ؟
	hl turid dlylaan syahyaan
Willst du einen Regenschirm mitnehmen?	هل ستأخذ معك مظلة ضد المطر؟
	hl satakhudh maeak mizallatan didd almutra

Denk an die Hosen, die Hemden, die Socken.
Denk an die Krawatten, die Gürtel, die Sakkos.
Denk an die Schlafanzüge, die Nachthemden und die T-Shirts.

لا تنسى السراويل والقمصان والكلسات.
lla tunsi alssarawil walqumsan walkulsata
لا تنسى رباط العنق والحزام والسترة.
lla tunsi rribat aleinq walhizam walsatarati
لا تنسى ملابس وقمصان النوم، والقمصان الداخلية.
lla tunsi malabis waqamsan alnnawma, walqumsan alddakhiliata

Du brauchst Schuhe, Sandalen und Stiefel.

Du brauchst Taschentücher, Seife und eine Nagelschere.
Du brauchst einen Kamm, eine Zahnbürste und Zahnpasta.

أنت بحاجة إلى أحذية و صندل و جزمة.
ant bihajat 'iilaa 'ahdhiat w sandal w jazamata
أنت بحاجة إلى محارم، صابون ومقص للأظافر.
ant bihajat 'iilaa maharima, sabwn wamaqass lil'azafir
أنت بحاجة إلى مشط وفرشاة ومعجون أسنان.
ant bihajat 'iilaa mashat wafarshat wamaejun 'asnana'

Urlaubsaktivitäte
n

نشاط الإجازة /
العطلة

nshat al'iijazat / aleatlat

Ist der Strand sauber?	هل الشاطئ نظيف؟
	hl alshshati nazif
Kann man dort baden?	هل السباحة ممكنة هناك؟
	hl alssibahat mumkinat hunak
Ist es nicht gefährlich, dort zu baden?	هل السباحةخطرة هناك؟
	hil alsbahtkhtrt hunak
Kann man hier einen Sonnenschirm leihen?	أيمكننااستئجار مظلة؟
	aymkinnaastijar mzl
Kann man hier einen Liegestuhl leihen?	أيمكننا استئجار كرسي مريح قابل للطى؟
	aymknna astijar kursi marih qabil llty'
Kann man hier ein Boot leihen?	أيمكننا استئجار قارب؟
	aymknna aistijar qarb
Ich würde gern surfen.	أحب ركوب الأمواج.
	ahib rukub al'amwaj
Ich würde gern tauchen.	أحب الغطس.
	ahib alghats
Ich würde gern Wasserski fahren.	أحب التزلق على الماء.
	ahib alttazalluq ealaa alma'a

48 [achtundvierzig]

Urlaubsaktivitäten

نشاط الإجازة / العطلة
nshat al'iijazat / aleatlat

Kann man ein Surfbrett mieten?	أيمكننا استئجار خشبة الانزلاق؟ aymknna aistijar khashabat alanzilaq'
Kann man eine Taucherausrüstung mieten?	أيمكننا استئجار معدات الغوص؟ aymknna astijar mueaddat alghws
Kann man Wasserskier mieten?	أيمكننا استئجار زحافات الماء؟ 'aymknna aistijar zihafat alma'
Ich bin erst Anfänger.	أنا لست سوى مبتدئ. ana last siwaa mubtdy
Ich bin mittelgut.	إنني معتدل. innani muetadil'
Ich kenne mich damit schon aus.	إني على دراية بذلك. iini ealaa dirayat bidhalik'
Wo ist der Skilift?	أين هو المصعد الهوائي؟ ayn hu almasaeid alhawayiy
Hast du denn Skier dabei?	هل لديك خشبة التزلج؟ hl ladayk khashabat alttazlj
Hast du denn Skischuhe dabei?	هل لديك أحذية التزلج؟ hl ladayk 'ahdhiat alttazalj

49 [neunundvierzig]

Sport

49[تسعة وأربعون]
[tiseat wa'arbaeun]49

الرياضة
alrriadat

Treibst du Sport?	<div dir="rtl">هل تمارس الرياضة ؟ hl tumaras alrriada</div>
Ja, ich muss mich bewegen.	<div dir="rtl">نعم ، علي أن أتحرك. neum , ealay 'an 'atahiruka</div>
Ich gehe in einen Sportverein.	<div dir="rtl">أنا عضو في نادٍ رياضي. ana eudw fi nad riadi</div>
Wir spielen Fußball.	<div dir="rtl">إننا نلعب كرة القدم. innuna naleab kurat alqadma'</div>
Manchmal schwimmen wir.	<div dir="rtl">وأحياناً نسبح. wahyanaan nasabuh</div>
Oder wir fahren Rad.	<div dir="rtl">أو نركب الدراجة. aw narkab alddarajata'</div>
In unserer Stadt gibt es ein Fußballstadion.	<div dir="rtl">في مدينتنا معلب لكرة القدم. fi madinatuna maeallab likurat alqadma</div>
Es gibt auch ein Schwimmbad mit Sauna.	<div dir="rtl">وهناك أيضًا مسبح مع حمام بخاري. whnak aydaan mmusabbih mae hammam bakhari</div>
Und es gibt einen Golfplatz.	<div dir="rtl">وهناك أيضًا ملعب للغولف. wahnak aydaan maleab llilghulif</div>

⇨

Sport

الرياضة
alrriadat

Was gibt es im Fernsehen?	ما يعرض في التلفاز ؟ ma yuearrid fi alttilfaz
Gerade gibt es ein Fußballspiel.	حاليًا لعبة بكرة القدم. halyaan luebat bukrat alqadma
Die deutsche Mannschaft spielt gegen die englische.	الفريق الألماني يلعب ضد الانكليزي. alfariq al'almani yaleab didd alanklizi
Wer gewinnt?	من يربح ؟ mn yarbah
Ich habe keine Ahnung.	لا أدري. lla 'udri
Im Moment steht es unentschieden.	في الوقت الحاضر متعادلان. fy alwaqt alhadir mutaeadilan
Der Schiedsrichter kommt aus Belgien.	الحكم بلجيكي. alhukm biljiki
Jetzt gibt es einen Elfmeter.	هناك الآن ركلة جزاء. 'hnak alan raklat jaza
Tor! Eins zu null!	هدف ! واحد صفر. hdif wahid ssafr

Im Schwimmbad

فى المسبح
fa almusbh

Heute ist es heiß.	الطقس حار اليوم. alttaqs harr alyuma
Gehen wir ins Schwimmbad?	لنذهب إلى المسبح ؟ lnnadhhab 'iilaa almusabbah
Hast du Lust, schwimmen zu gehen?	ألديك رغبة في السباحة؟ alidik raghbat fi alssabahati
Hast du ein Handtuch?	هل لديك منشفة؟ hl ladayk munshifatu
Hast du eine Badehose?	هل لديك لباس سباحة؟ hl ladayk libas sabahata
Hast du einen Badeanzug?	هل لديك ثوب السباحة؟ hil ladayk thuwwib alssabahati
Kannst du schwimmen?	أيمكنك السباحة؟ aymkink alssabahat
Kannst du tauchen?	أيمكنك الغطس. ayumkinak alghats
Kannst du ins Wasser springen?	أيمكنك القفز في الماء؟ 'ayumkinak alqafz fi alma

Im Schwimmbad

فى المسبح
fa almusbh

Wo ist die Dusche?

أين الدش؟
ayn aldsh'

Wo ist die Umkleidekabine?

أين غرفة تبديل الثياب؟
aiyn ghurfat tabdil althyab

Wo ist die Schwimmbrille?

أين نظارة السباحة؟
aiyn nazarat alssabaht

Ist das Wasser tief?

هل الماء عميق؟
hl alma' eamiq

Ist das Wasser sauber?

هل الماء نظيف؟
hl alma' nazif

Ist das Wasser warm?

هل الماء دافىء؟
'hil alma' dafi

Ich friere.

أإني أبرد.
aa'inni 'abrad

Das Wasser ist zu kalt.

الماء بارد جدًا.
alima' barid jdaan

Ich gehe jetzt aus dem Wasser.

الآن سأخرج من الماء.
alian sa'akhraj min alma'a

Besorgungen machen

القيام بمهمات
alqiam bimuhamat

Ich will in die Bibliothek.	سأذهب إلى المكتبة العمومية. s'adhhab 'iilaa almuktabat aleumwmy
Ich will in die Buchhandlung.	سأذهب إلى المكتبة / محل بيع الكتب. s'adhhab 'iilaa almuktabat / mahall baye alkatbi
Ich will zum Kiosk.	سأذهب إلى الكشك s'adhhab 'iilaa alkashk
Ich will ein Buch leihen.	سأستعير كتاباً. s'astaeir ktabaan
Ich will ein Buch kaufen.	سأشتري كتاباً. s'ashtari ktabaan
Ich will eine Zeitung kaufen.	سأشتري جريدة/ صحيفة. s'ashtari jaridata/ sahifta
Ich will in die Bibliothek, um ein Buch zu leihen.	سأذهب إلى المكتبة العمومية لاستعارة كتاب. s'adhhab 'iilaa almaktabat aleumumiat liaistiearat kitab
Ich will in die Buchhandlung, um ein Buch zu kaufen.	سأذهب إلى المكتبة لشراء كتاب. s'adhhab 'iilaa almuktabat lishira' kitab
Ich will zum Kiosk, um eine Zeitung zu kaufen.	سأذهب إلى الكشك لشراء جريدة. s'adhhab 'iilaa alkashk lishira' jaraydata

Besorgungen
machen

القيام بمهمات
alqiam bimuhamat

Ich will zum Optiker.	سأذهب إلى أخصائي البصريات.
	s'adhhab 'iilaa 'ukhsayiy albasariata
Ich will zum Supermarkt.	سأذهب إلى المتجر الكبير.
	s'adhhab 'iilaa almuttajar alkabir
Ich will zum Bäcker.	سأذهب إلى الخباز.
	s'adhhab 'iilaa alkhabaz
Ich will eine Brille kaufen.	سأشتري نظارة.
	s'ashtari nizarata
Ich will Obst und Gemüse kaufen.	سأشتري فاكهة وخضاراً.
	s'ashtari fakihat wkhdaraan
Ich will Brötchen und Brot kaufen.	سأشتري خبز صمون وخبزاً عادياً.
	s'ashtari khabz sumun wkhbzaan eadyaan
Ich will zum Optiker, um eine Brille zu kaufen.	سأذهب إلى أخصائي البصريات لشراء نظارة.
	s'adhhab 'iilaa 'akhsayiy albisriaat lishira' nizarata
Ich will zum Supermarkt, um Obst und Gemüse zu kaufen.	سأذهب إلى المتجر الكبير لشراء فاكهة وخضاراً.
	s'adhhab 'iilaa almuttajir alkabir lishira' fakihat wakhiddar aan
Ich will zum Bäcker, um Brötchen und Brot zu kaufen.	سأذهب إلى الخباز لشراء خبز صمون و خبزاً عادياً.
	s'adhhab 'iilaa alkhibaz lishira' khabz sumun w khbzaan eadyaan

52 [zweiundfünfzig]

Im Kaufhaus

52 [اثنان وخمسون]
athnan] 52
[wakhamasun

فى المتجر
faa almutajr

Gehen wir in ein Kaufhaus?

أنذهب إلى متجر؟
andhhib 'iilaa mtjr

Ich muss Einkäufe machen.

علي أن أتبضّع / أتسوّق.
eli 'ann atbdde / atswwq

Ich will viel einkaufen.

أود شراء الكثير.
uwd shira' alkathir'

Wo sind die Büroartikel?

أين هي اللوازم المكتبية؟
ayn hi allwazm almktby

Ich brauche Briefumschläge und
Briefpapier.

أحتاج إلى مغلفات وورق رسائل.
ahtaj 'iilaa mughlifat wawarq rsayl

Ich brauche Kulis und Filzstifte.

أحتاج إلى أقلام ناشفة وأقلام تعليم.
ahtaj 'iilaa 'aqlam nashifat wa'aqlam taelima

Wo sind die Möbel?

أين هي أمتعة البيت / الأثاث؟
ayn hi 'amtieat albayt / al'athath

Ich brauche einen Schrank und eine
Kommode.

أحتاج إلى خزانة ألبسة وخزانةذات أدراج.
ahtaj 'iilaa khizanat 'albisat wakhizanatdhat 'adraj

Ich brauche einen Schreibtisch und ein
Regal.

أحتاج إلى مكتب وخزانة ذات رفوف.
ahtaj 'iilaa maktab wakhizanat dhat rafwaf

52 [zweiundfünfzig]

Im Kaufhaus

52 [اثنان وخمسون]
athnan] 52
[wakhamasun

فى المتجر
faa almutajr

Wo sind die Spielsachen?

أين هي الألعاب؟
ayn hi al'aleab

Ich brauche eine Puppe und einen
Teddybär.

أحتاج إلى دمية ودب من القماش.
ahtaj 'iilaa damyat wadabb min aalqmash

Ich brauche einen Fußball und ein
Schachspiel.

أحتاج إلى كرة قدم وشطرنج.
ahtaj 'iilaa kurat qaddam washatarnuj

Wo ist das Werkzeug?

أين هي العدة؟
ayn hi aleid

Ich brauche einen Hammer und eine
Zange.

أحتاج إلى شاكوش وكماشة.
ahtaj 'iilaa shakush wakamashta

Ich brauche einen Bohrer und einen
Schraubenzieher.

أحتاج إلى مثقاب وإلى مفك براغي.
ahtaj 'iilaa mithqab wa'iilaa mafak baraghy

Wo ist der Schmuck?

أين هي المجوهرات؟
ayn hi almajwhrat

Ich brauche eine Kette und ein Armband.

أحتاج إلى سلسلة وإلى سوار.
ahtaj 'iilaa silsilat wa'iilaa sawar

Ich brauche einen Ring und Ohrringe.

أحتاج 'لى خاتم وإلى أقراط.
ahtaj 'la khatam wa'iilaa 'aqrat

Geschäfte

المتاجر
almatajr

Wir suchen ein Sportgeschäft.	إننا نفتش عن متجر للألبسة الرياضية.
	innana nuftash ean matjar lil'albisat alrriadita'
Wir suchen eine Fleischerei.	إننا نفتش عن ملحمة.
	innana naftash ean mmulhimata'
Wir suchen eine Apotheke.	إننا نفتش عن صيدلية.
	innuna naftash ean sidliata'

Wir möchten nämlich einen Fußball kaufen.	نريد أن نشتري كرة قدم.
	nrid 'ann nashtari kuratan qadma
Wir möchten nämlich Salami kaufen.	نريد أن نشتري سلامي (سجق).
	nrid 'ann nashtari salami (sjaq)
Wir möchten nämlich Medikamente kaufen.	نريد أن نشتري أدوية.
	nrid 'ann nashtari 'adwiata

Wir suchen ein Sportgeschäft, um einen Fußball zu kaufen.	نفتش عن محل رياضة لشراء كرة قدم.
	nfatsh ean mahall riadat lishira' kurat qadm
Wir suchen eine Fleischerei, um Salami zu kaufen.	نفتش عن ملحمة لشراء سلامي.
	nfatash ean mulahhamat lishira' salamy
Wir suchen eine Apotheke, um Medikamente zu kaufen.	نفتش عن صيدلية لشراء أدوية.
	nfatsh ean sidliat lishira' 'adwiat

Geschäfte

المتاجر
almatajr

Ich suche einen Juwelier.	إني أفتش عن صائغ. iini 'aftash ean ssayigha'
Ich suche ein Fotogeschäft.	أفتش عن محل تصوير. aftash ean mahall taswir
Ich suche eine Konditorei.	أفتش عن محل بيع حلويات. afatash ean mahall baye hulawiata
Ich habe nämlich vor, einen Ring zu kaufen.	إني أنوي شراء خاتم. iini 'anwi shira'an khatum'
Ich habe nämlich vor, einen Film zu kaufen.	إني أنوي شراء فيلم. iini 'anwi shira'an filama'
Ich habe nämlich vor, eine Torte zu kaufen.	إني أنوي شراء كعكة. iini 'anwi shira' kaeakata'
Ich suche einen Juwelier, um einen Ring zu kaufen.	أفتش عن صائغ لشراء خاتم. afatsh ean sayigh lishira' khatm
Ich suche ein Fotogeschäft, um einen Film zu kaufen.	إني أفتش عن محل تصوير لأشتري فيلماً. ini 'uftish ean mahall taswir li'ashtari fylmaan'
Ich suche eine Konditorei, um eine Torte zu kaufen.	أفتش عن محل حلويات لأشتري كعكة. afatash ean mahall hulwayat li'ashtari kaeakata

54 [vierundfünfzig]

Einkaufen

54 [أربعة وخمسون]
arbet] 54
[wakhamasun

التسوق / التبضّع
alttaswq / altbdde

Ich möchte ein Geschenk kaufen.	أريد أن أشتري هدية. arid 'ann 'ashtari hdyta
Aber nichts allzu Teueres.	ولكن ألا تكون مكلفة. wlikunn 'alla takun mukallafata
Vielleicht eine Handtasche?	ربما حقيبة يد. rbima haqibat yd
Welche Farbe möchten Sie?	ما اللون الذي تريدينه ؟ ma alllawn aldhy turaydinah
Schwarz, braun oder weiß?	أسود، بني أم أبيض ؟ asud, bani 'am 'abyad
Eine große oder eine kleine?	حقيبة كبيرة أم صغيرة ؟ hqibat kabirat 'am saghira
Darf ich diese mal sehen?	ممكن أن أرى هذه ؟ mmkun 'ann 'araa hadhih
Ist die aus Leder?	هل هي من جلد ؟ hl hi min jllad
Oder ist die aus Kunststoff?	أم هي من مادة اصطناعية؟ (البلاستيك) am hi min maddat astnaey (albilastik)

107

Einkaufen

التسوق / التبضّع
alttaswq / altbdde

Aus Leder natürlich.	طبعاً ، من جلد.
	tbeaan , min jallad
Das ist eine besonders gute Qualität.	وهي من نوعية جيدة للغاية.
	whi min naweiat jayidat llilghayata
Und die Handtasche ist wirklich sehr preiswert.	والحقيبة ثمنها مناسب جداً.
	walhaqibat thammanha munasib jdaan
Die gefällt mir.	إنها تعجبني.
	innaha taejibni'
Die nehme ich.	سآخذها.
	sakhadhha
Kann ich die eventuell umtauschen?	يمكنني تبديلها ؟
	ymknni tabdiluha
Selbstverständlich.	بالطبع.
	baltabue
Wir packen sie als Geschenk ein.	سنغلفها لك كهدية.
	snaghlifha lak kahdayata
Dort drüben ist die Kasse.	الصندوق هناك.
	alssunuduq hanaka

Arbeiten

العمل / المهنة
aleamal / almuhnat

Was machen Sie beruflich?	ما مهنتك؟ / أية مهنة تمارس؟
	ma muhannatuka / ayt mhnt tmars
Mein Mann ist Arzt von Beruf.	زوجي طبيب.
	zuji tabib
Ich arbeite halbtags als Krankenschwester.	وأنا أعمل بدوام جزئي كممرضة.
	wa'ana 'aemal bidawam jizyiy kamumrd
Bald bekommen wir Rente.	قريبًا ستتقاعد.
	qrybaan sanataqaeud
Aber die Steuern sind hoch.	ولكن الضرائب مرتفعة.
	wlikn alddarayib murtafaeata
Und die Krankenversicherung ist hoch.	والتأمين الصحي مرتفع.
	walttamin alsshhi murtafe
Was willst du einmal werden?	ما تريد أن تصبح؟
	mma turid 'an tasbh
Ich möchte Ingenieur werden.	أريد أن أصبح مهندسًا.
	arid 'ann 'asbah mhndsaan
Ich will an der Universität studieren.	أريد أن أدرس في الجامعة.
	arid 'ann 'udrus fi aljamieati

Arbeiten

العمل / المهنة
aleamal / almuhnat

Ich bin Praktikant.

أنا متمرن.
ana mutamarn

Ich verdiene nicht viel.

لا أربح كثيرًا.
lla 'arbah kthyraan

Ich mache ein Praktikum im Ausland.

أنا أتمرن في دولة أجنبية.
ana 'atamarran fi dawlat 'ajnbita

Das ist mein Chef.

هذا هو رئيسي.
hdha hu rayiysi

Ich habe nette Kollegen.

وزملائي لطفاء.
wzimalayiy latafa'a

Mittags gehen wir immer in die Kantine.

عند الظهر نذهب جميعًا إلى المقصف/ المطعم في الشركة
eind alzzuhr nadhhab jmyeaan 'iilaa almaqsafa/ almuteim fi alshsharikat

Ich suche eine Stelle.

إني أسعى للحصول على عمل.
iini 'aseaa lilhusul ealaa eml'

Ich bin schon ein Jahr arbeitslos.

منذ عام وأنا عاطل عن العمل.
mndh eam wa'ana eatil ean aleml

In diesem Land gibt es zu viele Arbeitslose.

في هذا البلد الكثير عاطل عن العمل.
fy hdha albalad alkthyr eatil ean aleml

Gefühle

المشاعر ،
الأحاسيس
almashaeir , al'ahasis

Lust haben	لديه رغبة. ldih raghbata
Wir haben Lust.	لا رغبة لديه. la raghbat ladayhi
Wir haben keine Lust.	لا رغبة لدينا. lla raghbat ladayna
Angst haben	الشعور بالخوف. alshshueur bialkhuf
Ich habe Angst.	أشعر بالخوف / أنا خائف. ashueir bialkhawf / 'ana khayuf
Ich habe keine Angst.	لست خائفًا. lssat khayfaan
Zeit haben	لديه وقت. ldih waqatt
Er hat Zeit.	لديه وقت. ldih waqatt
Er hat keine Zeit.	لا وقت لديه. la waqt ladayha

⇨

Gefühle

المشاعر ،
الأحاسيس
almashaeir , al'ahasis

Langeweile haben	ملّ، سئم، ضجر
	mll, siim, dajr
Sie hat Langeweile.	ضجرت، شعرت بالملل.
	djirta, shaeart bialmalll
Sie hat keine Langeweile.	إنها لا تشعر يالملل.
	innaha la tasheur yalmill'
Hunger haben	جوعان، يعاني من جوع
	juean, yueani min jue
Habt ihr Hunger?	هل أنتم جياع؟
	hl 'antum jiae
Habt ihr keinen Hunger?	ألستم جياعًا؟
	alistum jyaeaan
Durst haben	عطشان، ظمآن.
	etishana, zammana
Sie haben Durst.	هم عطشى.
	hum eatshaa
Sie haben keinen Durst.	ليسوا عطشى.
	lysuu eatshaa

57
[siebenundfünfzig]

Beim Arzt

57[سبعة وخمسون]
sibeat]57
[wakhamasun

عند الطبيب
eind alttabib

Ich habe einen Termin beim Arzt.	لدي موعد مع الطبيب. ldi maweid mae alttabiba
Ich habe den Termin um zehn Uhr.	موعدي في الساعة العاشرة. mwaedi fi alssaeat aleashirata
Wie ist Ihr Name?	ما اسمك؟ ma asmuk
Bitte nehmen Sie im Wartezimmer Platz.	من فضلك، إجلس في غرفة الانتظار. mn faddaluka, 'iijlis fi ghurfat alannitizari
Der Arzt kommt gleich.	الطبيب سيأتي حالاً. alttabib sayati halaan
Wo sind Sie versichert?	مع من عقدت التأمين الصحي؟ me min euqidat alttamin alssahy
Was kann ich für Sie tun?	بما يمكنني خدمتك؟ bma yumkinuni khdmtk
Haben Sie Schmerzen?	أتتألم؟ / هل تشعر بألم؟ atata'alma / hal tasheur bi'alm
Wo tut es weh?	أين يؤلمك؟ / أين موضع الألم؟ ayn yulmk / 'ayn mawdie al'alm

Beim Arzt

Ich habe immer Rückenschmerzen.	ظهري يؤلمني دائمًا.
	zhiri yulimni daymaan
Ich habe oft Kopfschmerzen.	وغالبًا ما أشعر بصداع.
	wghalbaan ma 'asheur bisadae
Ich habe manchmal Bauchschmerzen.	وأحيانًا أشعر بألم في البطن.
	wahyanaan 'asheur bi'alam fi albattin
Machen Sie bitte den Oberkörper frei!	من فضلك، إكشف عن صدرك!
	mn faddalaka, 'iikshaf ean sadrk
Legen Sie sich bitte auf die Liege!	من فضلك، استلق على منضدة الفحص!
	mn fadalaka, astlq ealaa mundidat alfahs
Der Blutdruck ist in Ordnung.	ضغط الدم على ما يرام.
	dghat alddam ealaa ma yarama
Ich gebe Ihnen eine Spritze.	سأعطيك حقنة.
	s'uetik haqanata
Ich gebe Ihnen Tabletten.	سأعطيك حبوبًا.
	s'uetik hbwbaan
Ich gebe Ihnen ein Rezept für die Apotheke.	سأعطيك وصفة طبية للصيدلية.
	s'aetik wasfat tibbiat lilssaydlita

Körperteile

أجزاء الجسم
ajiza' aljsm

Ich zeichne einen Mann.	أـرسم رجلاً. arasim rjlaan'
Zuerst den Kopf.	أولاً الرأس. awlaan alrr'as
Der Mann trägt einen Hut.	يرتدي الرجل قبعةً. yrtadi alrrajul qbetan
Die Haare sieht man nicht.	لا يمكن رؤية الشعر. la yumkin ruyat alshshaer
Die Ohren sieht man auch nicht.	ولا يمكن أيضًا رؤية الآذنين. wla yumkin aydaan ruyat aladhinin
Den Rücken sieht man auch nicht.	ولا يمكن كذلك رؤية الظهر. wla yumkin kdhlk ruyat alzzuhr
Ich zeichne die Augen und den Mund.	إني أرسم العينين والفم. iini 'arsim aleaynayn walfamm'
Der Mann tanzt und lacht.	يرقص الرجل ويضحك. yraqus alrrajul wayadhuk
Der Mann hat eine lange Nase.	للرجل أنف طويل. llarjul 'anf tawil

Körperteile

أجزاء الجسم
ajiza' aljsm

Er trägt einen Stock in den Händen.	إنه يحمل عصا في يده. innah yahmil eassa fi yadiha'
Er trägt auch einen Schal um den Hals.	ويرتدي وشاحًا حول عنقه. wyrtadi wshahaan hawl einaquh
Es ist Winter und es ist kalt.	الفصل فصل الشتاء والطقس بارد alfasl fasl alshshita' walttaqs bard
Die Arme sind kräftig.	الذراعان قويان. aldhdhuraean qawyaana
Die Beine sind auch kräftig.	والساقان أيضًا. walsaqan aydaan
Der Mann ist aus Schnee.	الرجل هو من الثلج. alrrajul hu min alththalaj
Er trägt keine Hose und keinen Mantel.	إنه لا يرتدي سروالاً ولا معطفًا. innah la yartadi srwalaan wala metfaan'
Aber der Mann friert nicht.	والرجل لا يشعر بالبرد. walrrajul la yasheur bialbard
Er ist ein Schneemann.	إنه رجل الثلج. innah rajul alththalj'

59 [neunundfünfzig]

Im Postamt

في مكتب البريد
fi maktab albarid

Wo ist das nächste Postamt?	أين هو أقرب مكتب بريد؟
	ayn hu 'aqrab maktab brid
Ist es weit bis zum nächsten Postamt?	هل المسافة بعيدة إلى أقرب مكتب بريد؟
	hl almasafat baeidat 'iilaa 'aqrab maktab bryd
Wo ist der nächste Briefkasten?	أين هو أقرب صندوق بريد؟
	ayn hu 'aqrab sunduq bryd

Ich brauche ein paar Briefmarken.	أحتاج إلى بعض الطوابع البريدية.
	ahtaj 'iilaa bed alttawabe albrbdy
Für eine Karte und einen Brief.	لبطاقة ورسالة.
	lbitaqat warisalata
Wie teuer ist das Porto nach Amerika?	كم رسم البريد إلى أميركا؟
	kum rusim albarid 'iilaa 'amyarka

Wie schwer ist das Paket?	كم يزن الطرد؟
	kum yazunn altturd
Kann ich es per Luftpost schicken?	أيمكنني إرساله بالبريد الجوي؟
	ayumkanni 'iirsalih bialbarid aljuy
Wie lange dauert es, bis es ankommt?	وكم يستغرق حتى يصل؟
	wkm yastaghriq hatta ysl

59 [neunundfünfzig]

Im Postamt

59 [تسعة وخمسون]
tset] 59
[wakhamasun

في مكتب البريد
fi maktab albarid

Wo kann ich telefonieren?	أين يمكنني الاتصال بالهاتف؟ ayn yumkinuni alaittisal balhatf
Wo ist die nächste Telefonzelle?	أين هو أقرب كشك للهاتف؟ aiyn hu 'aqrab kishk lllahatf
Haben Sie Telefonkarten?	هل لديك بطاقة هاتف؟ hl ladayk bitaqatan hatf
Haben Sie ein Telefonbuch?	هل لديك دليل الهاتف؟ hil ladayk dalil alhatf
Kennen Sie die Vorwahl von Österreich?	هل تعرف رمز الهاتف للنمسا؟ hl taerif ramz alhatif lilnmsa
Einen Augenblick, ich schau mal nach.	لحظة، سألقي نظرة. lhizata, sa'ulqi nazarat
Die Leitung ist immer besetzt.	الخط مشغول باستمرار. alkhat mashghul biaistimrar
Welche Nummer haben Sie gewählt?	ما هو الرقم الذي اخترته؟ mma hu alrraqm aldhy akhtarath
Sie müssen zuerst die Null wählen!	عليك أن تختار في الأول الرقم صفر. elik 'ann takhtar fi al'awwal alrraqm safr

118

In der Bank

في المصرف
fi almasrif

Ich möchte ein Konto eröffnen.	أريد أن أفتح حساباً. arid 'ann 'aftah hsabaan
Hier ist mein Pass.	إليك جواز سفري. iilayk jawaz ssufri'
Und hier ist meine Adresse.	وهذا هو عنواني. whidha hu eanwani
Ich möchte Geld auf mein Konto einzahlen.	أريد أن أودع نقوداً في حسابي. arid 'ann 'awdae nqwdaan fi hisabi
Ich möchte Geld von meinem Konto abheben.	أريد أن أسحب نقوداً من حسابي. arid 'ann 'ashab nqwdaan min hisabi
Ich möchte die Kontoauszüge abholen.	أريد أن أستلم بياناتي المصرفية. arid 'ann 'astalim bianaty almsrfy
Ich möchte einen Reisescheck einlösen.	أريد أن أصرف شيكاً سياحياً. arid 'ann 'asraf shykaan syahyaan
Wie hoch sind die Gebühren?	كم هي الرسوم ؟ kum hi alrrusum
Wo muss ich unterschreiben?	أين أوقع ؟ ayn 'awqae

In der Bank

في المصرف
fi almasrif

Ich erwarte eine Überweisung aus Deutschland.	إني أنتظر حوالة من ألمانيا. iini 'antazir hawalatan min 'almania'
Hier ist meine Kontonummer.	هذا هو رقم حسابي. hdha hu raqm hasabi
Ist das Geld angekommen?	هل وصلت النقود ؟ hl wasalat alnnaqud
Ich möchte dieses Geld wechseln.	أريد أن أبدل هذه النقود. arid 'ann 'ubdal hadhih alnnaqud
Ich brauche US-Dollar.	إني بحاجة إلى دولار أميركي. iini bihajat 'iilaa dular 'amirki'
Bitte geben Sie mir kleine Scheine.	من فضلك، إعطني أوراقًا نقدية صغيرة. mn faddaluka, 'iietani awraqaan naqdiatan saghirata
Gibt es hier einen Geldautomat?	أين هو أقرب صراف آلي ؟ ayn hu 'aqrab saraf ali
Wie viel Geld kann man abheben?	كم من المال يمكن سحبه ؟ kum mmin almal yumkin sahbuh
Welche Kreditkarten kann man benutzen?	ما هي البطاقات الائتمانية التي يمكن استعمالها؟ ma hi albitaqat alaitimaniat alty ymkn aistiemaluha

Ordinalzahlen

الأعداد الترتيبية
al'aedad altrtybyt

Der erste Monat ist der Januar.

الشهر الأول هو كانون الثاني.
alshshahr al'awwal hu kanun alththani

Der zweite Monat ist der Februar.

الشهر الثاني هو شباط.
alshshahr alththani hu shbat

Der dritte Monat ist der März.

الشهر الثالث هو آذار.
alshshahr alththalith hu adhar

Der vierte Monat ist der April.

السشهر الرابع هو نيسان.
alsshahr alrrabie hu nisan

Der fünfte Monat ist der Mai.

الشهر الخامس هو أيار.
alshshahar alkhamis hu 'ayara

Der sechste Monat ist der Juni.

الشهر السادس هو حزيران.
alshshahar alssadis hu huzayran

Sechs Monate sind ein halbes Jahr.

الأشهر الستة عبارة عن نصف سنة.
al'ashhur alstt eibarat ean nsf sannata

Januar, Februar, März,

كانون الثاني، شباط، آذار،
kanun alththani, shabata, adhar,

April, Mai und Juni.

نيسان، أيار، حزيران.
nysan, 'ayara, huzayran

61 [einundsechzig]

Ordinalzahlen

61 [واحد وستون]
[wahd wstwn] 61

الأعداد الترتيبية
al'aedad altrtybyt

Der siebte Monat ist der Juli.	الشهر السابع هو تموز. alshshahr alssabie hu tamuza
Der achte Monat ist der August.	الشهر الثامن هو آب. alshshahar alththamin hu aba
Der neunte Monat ist der September.	الشهر التاسع هو أيلول. alshshahr alttasie hu 'aylul
Der zehnte Monat ist der Oktober.	الشهر العاشر هو تشرين الأول. alshshahar aleashir hu tishrin al'awl
Der elfte Monat ist der November.	الشهر الحادي عشر هو تشرين الثاني. alshshahr alhadi eshr hu tishrin alththani
Der zwölfte Monat ist der Dezember.	الشهر الثاني عشر هو كانون الأول. alshshahar althany eshr hu kanun alawl
Zwölf Monate sind ein Jahr.	الاثنا عشر شهرًا هي عبارة عن سنة. alathna eshr shhraan hi eibarat ean sanata
Juli, August, September,	تموز، آب، أيلول، tmuz, aba, 'aylul,
Oktober, November und Dezember.	تشرين الأول، تشرين الثاني، كانون الأول. tshryn alawl, tishrin alththani, kanun alawl

Fragen stellen 1

طرح / وجّه اسئلة ١
trih / wjjh 'asyilat 1

lernen

تعلّم، حفظ، تدرب
tellm, hafaza, tadarb

Lernen die Schüler viel?

هل يتعلم التلاميذ كثيرًا؟
hl yataeallam alttalamidh kthyraan

Nein, sie lernen wenig.

لا، إنهم يتعلمون قليلاً.
la, 'innahum yataeallamun qlylaan

fragen

سأل، استفهم
s'al, astafhm

Fragen Sie oft den Lehrer?

أتسأل المدرس كثيرًا؟
atas'al almudras kthyraan

Nein, ich frage ihn nicht oft.

لا، لا أسأله كثيرًا.
la, la 'as'aluh kthyraan

antworten

رد، أجاب
rd, 'ajab

Antworten Sie, bitte.

أجب، من فضلك!
ajib, min fadalk

Ich antworte.

إني أجيب.
iini 'ajib'

Fragen stellen 1

طرح / وجّه اسئلة ١
trih / wjjh 'asyilat 1

arbeiten

اشتغل، عمل
ashtaghala, eml

Arbeitet er gerade?

أيشتغل الآن؟
ayshtghil alan

Ja, er arbeitet gerade.

نعم، إنه يشتغل الآن.
neimm، 'innah yashtaghil alana'

kommen

أتى، قدم
ataa, qdm

Kommen Sie?

أستأتون؟
asatatun

Ja, wir kommen gleich.

نعم، سنأتي حالاً.
neim, sanati halaan

wohnen

سكن، أقام في، عاش
skuna, 'aqam fi, eash

Wohnen Sie in Berlin?

أتسكن في برلين؟
ataskun fi barlin

Ja, ich wohne in Berlin.

نعم، إني أسكن في برلين.
neimm، 'inni 'askun fi barlin'

Fragen stellen 2

طرح / وجّه أسئلة ٢
trih / wjjh 'asyilat 2

Ich habe ein Hobby.	لدي هواية. ldi hawayta
Ich spiele Tennis.	إنى ألعب كرة المضرب. iini 'aleab kurat almudrib'
Wo ist ein Tennisplatz?	أين هو ملعب كرة المضرب؟ ayn hu maleab kurat almadrb
Hast du ein Hobby?	ألديك هواية؟ alidik haway
Ich spiele Fußball.	ألعب كرة القدم. alaeab kurat alqadm
Wo ist ein Fußballplatz?	أين هو ملعب كرة القدم؟ aybn hu maleab kurat alqadm
Mein Arm tut weh.	إنّ ذراعي يؤلمني. in dhiraei yulimuni'
Mein Fuß und meine Hand tun auch weh.	وكذلك قدمي ويدي تؤلمانني. wkdhlak qadimi waydi tulimanini
Wo ist ein Doktor?	أهناك طبيب؟ ahunak tabyb

Fragen stellen 2

طرح / وجّه أسئلة ٢
trih / wjjh 'asyilat 2

Ich habe ein Auto.	لدي / أملك سيارة. ldi / 'amlik sayarata
Ich habe auch ein Motorrad.	ولدي أيضًا دراجة نارية. wlidi aydaan dirajat nariata
Wo ist ein Parkplatz?	أهناك موقف للسيارات؟ ahanak mawqif lilssayarat'
Ich habe einen Pullover.	لدي كنزة صوف. ldi kunnizat sawf
Ich habe auch eine Jacke und eine Jeans.	ولدي أيضًا سترة وبنطال جينز. wldy aydaan satiratan wabinital jinz
Wo ist die Waschmaschine?	أين هي الغسالة؟ ayn hi alghsal
Ich habe einen Teller.	لدي صحن (طبق). ldi sahn (tbuq)
Ich habe ein Messer, eine Gabel und einen Löffel.	ولدي سكين، وشوكة، وملعقة. wlidi sikinan, washawkatan, wamuleaqata
Wo sind Salz und Pfeffer?	أين الملح والفلفل؟ ayn almulihh walfalufl

64 [vierundsechzig]

64 [أربعة وستون]
[arbieat wastun] 64

Verneinung 1

النفي ١
alnnafi 1

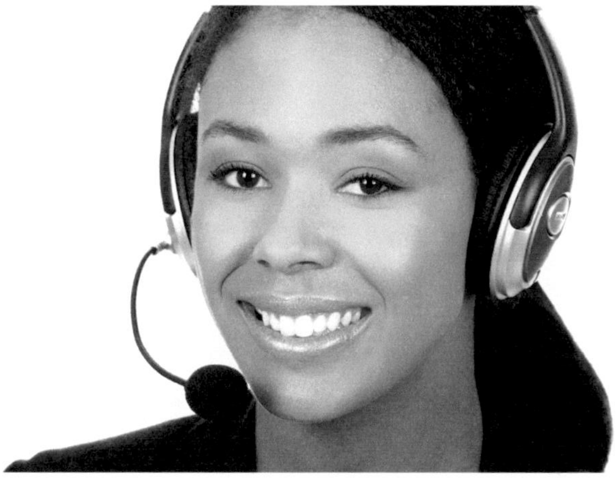

Ich verstehe das Wort nicht.	لا أفهم الكلمة. lla 'afham alkalimata
Ich verstehe den Satz nicht.	لا أفهم الجملة. lla 'afham aljamalata
Ich verstehe die Bedeutung nicht.	لا أفهم المعنى. lla 'afham almaeanna
der Lehrer	المدرس، المعلم almadris, almaelim
Verstehen Sie den Lehrer?	أتفهم المعلم؟ atafahum almaelum
Ja, ich verstehe ihn gut.	نعم، أفهمه جيداً. afhamuh jydaan' ،neimm
die Lehrerin	المعلمة، المدرسة almuelimat, almudrast
Verstehen Sie die Lehrerin?	أتفهم المعلمة؟ aatafahum almuelamat
Ja, ich verstehe sie gut.	نعم، أفهمها جيداً. afhamuha jydaan' ،neimm

Verneinung 1

النفى ١
alnnafi 1

die Leute

الناس
alnnas

Verstehen Sie die Leute?

أتفهم الناس؟
atafahum alnnasa

Nein, ich verstehe sie nicht so gut.

لا، لا أفهمهم كما يجب.
la, la 'afhamuhum kama yajb

die Freundin

الصديقة
alssadiqat

Haben Sie eine Freundin?

ألديك صديقة؟
aladik sadiqat

Ja, ich habe eine.

نعم، لدي صديقة.
neim, laday sadiqata

die Tochter

الإبنة
al'iibnat

Haben Sie eine Tochter?

ألديك ابنة؟
alidik abnata

Nein, ich habe keine.

لا،ليس لدي اينة.
la,lis laday ayn

☐ yes
☒ no
☐ maybe

Verneinung 2

النفي ٢
alnnafi 2

Ist der Ring teuer?

هل الخاتم غالي الثمن؟
hl alkhatim ghaly alththmmun

Nein, er kostet nur hundert Euro.

لا، ثمنه مائة يورو فقط.
la, thammanh miayat ywrw faqat

Aber ich habe nur fünfzig.

ولكن لا أحمل سوى خمسين.
wlikun la 'ahmil siwaa khamsin

Bist du schon fertig?

هل أنت جاهز؟
hl 'ant jahz

Nein, noch nicht.

لا، ليس بعد.
la, lays baed

Aber gleich bin ich fertig.

ولكن قريبًا أكون جاهزًا.
wlikunn qrybaan 'akun jahzaan

Möchtest du noch Suppe?

أتريد مزيدًا من الحساء؟
'atarid mzydaan min alhisa

Nein, ich will keine mehr.

لا، لا أريد أكثر.
la, la 'urid 'akthar

Aber noch ein Eis.

ولكن المزيد من البوظة،
wlikan almazid min albawzata,

⇨

☐ yes
☒ no
☐ maybe

Verneinung 2

النفي ٢
alnnafi 2

Wohnst du schon lange hier?	أتسكن من زمن بعيد هنا؟ atasakun min zaman baeid hna
Nein, erst einen Monat.	لا، منذ شهر فقط. la, mundh shahr faqat
Aber ich kenne schon viele Leute.	ولكن تعرفت على الكثيرين. wlikun taeraft ealaa alkathirin
Fährst du morgen nach Hause?	هل ستسافر غدًا إلى ديارك؟ hl satusafir ghdaan 'iilaa dyark
Nein, erst am Wochenende.	لا، ليس قبل نهاية الأسبوع. la, lays qabl nihayat al'usbue
Aber ich komme schon am Sonntag zurück.	ولكن سأعود يوم الأحد. wlikan sa'aeud yawm al'ahida
Ist deine Tochter schon erwachsen?	هل بلغت ابنتك سن الرشد؟ hl balaghat abnatuk sinn alrrishd
Nein, sie ist erst siebzehn.	لا،بلغت الآن السابعة عشرة. lla,balaghat alan alssabieat eshr
Aber sie hat schon einen Freund.	ومع ذلك أصبح لها صديق. wmie dhlk 'asbah laha sadiq

Possessivpronomen 1

ضمائر الملكية ١
dmayir almilkiat 1

ich – mein

أنا ـــــــ ي / ـــي
ana y / y

Ich finde meinen Schlüssel nicht.

لا أجد مفتاحي.
lla 'ajid mufatahi

Ich finde meine Fahrkarte nicht.

لا أجد تذكرة سفري.
lla 'ajid tadhkiratan safri

du – dein

أنت ـــــــ ك/ ك
ant k/ k'

Hast du deinen Schlüssel gefunden?

هل وجدت مفتاحك؟
hl wajadat maftahk

Hast du deine Fahrkarte gefunden?

هل وجدت تذكرة سفرك؟
hl wajadat tadhkirat safark

er – sein

هو ـــــــ ه/ ه
hw h/ h

Weißt du, wo sein Schlüssel ist?

أتعلم أين هو مفتاحه؟
ataelam 'ayn hu muftahuh

Weißt du, wo seine Fahrkarte ist?

أتعلم أين هي تذكرة سفره؟
ataelam 'ayn hi tadhkirat safruh

Possessivpronom
en 1

ضمائر الملكية ١
dmayir almilkiat 1

sie – ihr	هي ــــ ها / ـها
	hi ha / ha
Ihr Geld ist weg.	لقد فقدت نقودها.
	lqad faqadat naqudha
Und ihre Kreditkarte ist auch weg.	كما أنها فقدت بطاقتها الإئتمانية.
	kma 'annaha faqadat bitaqatiha al'iitmaniata
wir – unser	نحن ــــ نا
	nhin na
Unser Opa ist krank.	جدنا مريض.
	jidna marid
Unsere Oma ist gesund.	جدتا بصحة جيدة.
	jdtuna bisihhat jayidata
ihr – euer	أنتم ــــ كم ـكم/أنتنّ ـــــ ـكن
	antim kam km/antn kn
Kinder, wo ist euer Vati?	يا أطفال، أين والدكم؟
	yaa 'atfal, 'ayn walddakum
Kinder, wo ist eure Mutti?	يا أطفال، أين والدتكم؟
	yaa 'atfala, 'ayn walidatakum

Possessivpronom
en 2

ضمائر الملكية ٢
dmayir almilkiat 2

---

die Brille

نظارة
nzarat

Er hat seine Brille vergessen.

لقد نسي نظارته.
lqud nasi nizaratuh

Wo hat er denn seine Brille?

أين نظارته، يا ترى؟
ayn nizaratuh, ya taraa

---

die Uhr

الساعة
alissaeat

Seine Uhr ist kaputt.

ساعته تلفت.
ssaeath tulifat

Die Uhr hängt an der Wand.

الساعة معلقة على الحائط.
alssaeat mueallaqat ealaa alhayit

---

der Pass

جواز السفر
jwaz alssufr

Er hat seinen Pass verloren.

لقد فقد جواز سفره.
lqid faqad jawaz safrih

Wo hat er denn seinen Pass?

أين جواز سفره، يا ترى؟
aiyn jawaz sufrih, ya taraa

Possessivpronom
en 2

ضمائر الملكية ٢
dmayir almilkiat 2

---

sie – ihr

Die Kinder können ihre Eltern nicht finden.
Aber da kommen ja ihre Eltern!

هم ـــــــ ـهم/هنّ ـــــــ ـــــــهنّ
hm hm/hn hnn
لا يمكن للأطفال العثور على والديهم.
la yumkin lil'atfal aleuthur ealaa waliddayhim
ولكن ها قد أتى والداهم.
wlikunn ha qad 'ataa waldahum

Sie – Ihr

Wie war Ihre Reise, Herr Müller?

Wo ist Ihre Frau, Herr Müller?

حضرتك ـــــــ ـــــــكَ
hdirtik ka
كيف كانت رحلتك، سيد مولر؟
kif kanat rihlatak, syd mwlr
أين زوجتك، سيد مولر؟
aiyn zawjatk, syd mwlr

Sie – Ihr

Wie war Ihre Reise, Frau Schmidt?

Wo ist Ihr Mann, Frau Schmidt?

حضرتُكِ ـــــــ ـــــــكِ
hdrtuk ki
كيف كانت رحلتك، سيدة شميت؟
kif kanat rihlatuk, sayidat shamit
أين زوجك، سيدة شميت؟
aiyn zawjak, sayidat shamit

68 [achtundsechzig]

groß – klein

كبير ــــــ صغير
kbirsghyr

groß und klein

كبير وصغير
kbir wasaghir

Der Elefant ist groß.

الفيل كبير.
allafil kabir

Die Maus ist klein.

الفأر صغير.
alffar saghir

dunkel und hell

مظلم ومضيئ
mzalam wamadiy

Die Nacht ist dunkel.

الليلة مظلمة.
alllaylat muzlimata

Der Tag ist hell.

اليوم مشرق.
aliawm mushriq

alt und jung

طاعن في السن وشاب
taen fi alssnn washab

Unser Großvater ist sehr alt.

جدنا طاعن في السن (عجوز).
jdna taen fi alssnn (ejuz)

Vor 70 Jahren war er noch jung.

وقبل سبعين عامًا كان شابًا.
wqibl sabein eamaan kan shabaan

groß – klein

كبيــــــصغير
kbirsghyr

---

schön und hässlich

جميل وقبيح
jmil waqabih

Der Schmetterling ist schön.

الفراشة جميلة.
alfarashat jamilata

Die Spinne ist hässlich.

العنكبوت قبيح.
alienkubut qabyh

dick und dünn

سمين ونحيل
smin wanahil

Eine Frau mit 100 Kilo ist dick.

إمرأة وزهنا ١٠٠ كيلوهي سمينة.
imar'at wazzahna 100 kayluhi saminata'

Ein Mann mit 50 Kilo ist dünn.

رجل وزنه ٥٠ كيلو هو نحيل.
rjil waznuh 50 kilu hu nahil

teuer und billig

غالٍ(باهظ الثمن)ورخيص
ghalin(bahz althmn)wrkhys

Das Auto ist teuer.

السيارة باهظة الثمن.
alssayarat bahizat alththaman

Die Zeitung ist billig.

الصحيفة رخيصة.
alssahifat rakhisat

brauchen –
wollen

احتاج ـــ أراد
ahtaj'arad

Ich brauche ein Bett.

أحتاج إلى سرير.
ahtaj 'iilaa sarir

Ich will schlafen.

أريد أن أنام.
arid 'ann 'anama

Gibt es hier ein Bett?

هل هناك سرير؟
hl hunak sarir

Ich brauche eine Lampe.

أحتاج إلى مصباح.
ahtaj 'iilaa masbah

Ich will lesen.

أريد أن أقرأ.
arid 'ann 'aqra'a

Gibt es hier eine Lampe?

هل هناك مصباح؟
hl hunak masbah

Ich brauche ein Telefon.

أحتاج إلى هاتف.
ahtaj 'iilaa hatf

Ich will telefonieren.

أريد أن أتصل هاتفيًا.
arid 'an 'attasil hatfyaan

Gibt es hier ein Telefon?

هل هناك هاتف؟
hl hunak hatf

brauchen –
wollen

احتاج ـــ أراد
ahtaj'arad

Ich brauche eine Kamera.	أحتاج إلى آلة تصوير. ahtaj 'iilaa alat taswir
Ich will fotografieren.	أريد أن أصوّر. arid 'ann aswwr
Gibt es hier eine Kamera?	هل هناك آلة تصوير؟ hl hunak alat taswir
Ich brauche einen Computer.	أحتاج إلى حاسوب. ahtaj 'iilaa hasub
Ich will eine E-Mail schicken.	أريد أن أرسل رسالة إلكترونية. arid 'an 'arsil risalat 'iilktrunita
Gibt es hier einen Computer?	هل هناك حاسوب. hl hunak hasub
Ich brauche einen Kuli.	أحتاج إلى قلم حبر ناشف. ahtaj 'iilaa qalam habr nashf
Ich will etwas schreiben.	أريد أن أكتب شيئًا. arid 'ann 'aktub shyyaan
Gibt es hier ein Blatt Papier und einen Kuli?	هل هناك ورقة وقلم حبر ناشف؟ hl hunak waraqat waqilm habr nashf

etwas mögen

احب / أراد شيئًا
ahib / 'arad shyyaan

Möchten Sie rauchen?	أتحب التدخين؟ atahib alttadakhin
Möchten Sie tanzen?	أتحب الرقص؟ atahib alrraqs
Möchten Sie spazieren gehen?	أتحب السير على الأقدام؟ atahib alssayr ealaa al'aqdam
Ich möchte rauchen.	أريد أن أدخن. arid 'ann 'udakhan
Möchtest du eine Zigarette?	أتريد سيجارة؟ atarid sijart
Er möchte Feuer.	إنه يريد ولاعة. innah yurid walaeata'
Ich möchte etwas trinken.	أريد أن أشرب شيئًا. arid 'ann 'ashrab shyyaan
Ich möchte etwas essen.	أريد أن آكل شيئًا. arid 'ann akil shyyaan
Ich möchte mich etwas ausruhen.	أريد أن أرتاح قليلاً. arid 'ann 'artah qlylaan

70 [siebzig]

[سبعون]70
[sabeun]70

etwas mögen

احب / أراد شيئًا
ahib / 'arad shyyaan

Ich möchte Sie etwas fragen.	أريد أن أسألك شيئًا. arid 'an 'as'alak shyyaan
Ich möchte Sie um etwas bitten.	أريد أن أطلب منك شيئًا. arid 'ann 'atlub mink shyyaan
Ich möchte Sie zu etwas einladen.	أود أن أدعوك لشيء. uwd 'ann 'adeawk lashay'a'
Was möchten Sie bitte?	ما تريد حضرتك؟ mma turid hadratk
Möchten Sie einen Kaffee?	هل تريد قهوة؟ hl turid qahut
Oder möchten Sie lieber einen Tee?	أم أنك تفضل الشاي؟ am 'annak tafaddal alshay'
Wir möchten nach Hause fahren.	نريد أن نذهب إلى البيت. nrid 'an nadhhab 'iilaa albita
Möchtet ihr ein Taxi?	هل تريدون سيارة أجرة؟ hl turidun sayarat 'ajrat
Sie möchten telefonieren.	إنهم يريدون الاتصال بالهاتف. innahum yuridun alaittisal bialhatuf'

etwas wollen

أراد / أحب شيئًا
arad / 'uhibb shyyaan

Was wollt ihr?	ما تريدون؟ ma taridun
Wollt ihr Fußball spielen?	أتودون اللعب بكرة القدم؟ atuadun alllaeb bukrat alqadm
Wollt ihr Freunde besuchen?	أتودون زيارة أصدقاء؟ 'atuadun ziarat 'asdqa
wollen	أراد arad
Ich will nicht spät kommen.	لا أريد الوصول متأخرًا. lla 'urid alwusul mtakhraan
Ich will nicht hingehen.	لا أريد الذهاب إلى هناك. la 'urid aldhdhahab 'iilaa hunaka
Ich will nach Hause gehen.	أريد الذهاب إلى البيت. arid aldhdhahab 'iilaa albita
Ich will zu Hause bleiben.	أريد البقاء في البيت. arid albaqa' fi albita
Ich will allein sein.	أريد أن أكون لوحدي. arid 'an 'akun lawahday

71 [einundsiebzig]

71[واحد وسبعون]

[wahid wasabeun]71

etwas wollen

أراد / أحب شيئًا

arad / 'uhibb shyyaan

Willst du hier bleiben?	<div dir="rtl">أتريد البقاء هنا؟ atarid albaqa' hna</div>
Willst du hier essen?	<div dir="rtl">أتريد أن تأكل هنا؟ aturid 'ann takul hna</div>
Willst du hier schlafen?	<div dir="rtl">أتريد أن تنام هنا؟ aturid 'ann tanam hna</div>
Wollen Sie morgen abfahren?	<div dir="rtl">أتريد الرحيل غدًا؟ atarid alrrahil ghdaan</div>
Wollen Sie bis morgen bleiben?	<div dir="rtl">أتريد البقاء حتى الغد؟ atrid albaqa' hatta alghd</div>
Wollen Sie die Rechnung erst morgen bezahlen?	<div dir="rtl">أتريد دفع الحساب غدًا؟ atarid dafe alhisab ghdaan</div>
Wollt ihr in die Disko?	<div dir="rtl">أتريدون الذهاب إلى المرقص؟ ataridun aldhdhahab 'iilaa almurqs</div>
Wollt ihr ins Kino?	<div dir="rtl">أتريدون الذهاب إلى السينما؟ aturidun aldhdhahab 'iilaa alssinma</div>
Wollt ihr ins Café?	<div dir="rtl">أتريدون الذهاب إلى المقهى؟ aturidun aldhdhahab 'iilaa almaqhaa</div>

etwas müssen

وجب فعل شيء
'wjib faeal shy

müssen	وجب،اضطر، لزم
	wjib,adtir, lzm
Ich muss den Brief verschicken.	علي أن أبعث الرسالة.
	eli 'ann 'abaeath alrrisalata
Ich muss das Hotel bezahlen.	علي دفع نفقات الفندق.
	eali dafe nafaqat alfundiqa
Du musst früh aufstehen.	عليك أن تستيقظ مبكرًا.
	elik 'ann tastayqiz mbkraan
Du musst viel arbeiten.	عليك أن تعمل كثيرًا.
	elik 'an taemal kthyraan
Du musst pünktlich sein.	عليك أن تكون دقيقًا في المواعيد.
	elik 'an takun dqyqaan fi almawaeid
Er muss tanken.	عليه أن يملأ الخزان بالوقود.
	elih 'ann yamla alkhizzan bialwaquda
Er muss das Auto reparieren.	عليه أن يصلح السيارة.
	elih 'ann yasluh alssayarata
Er muss das Auto waschen.	عليه أن يغسل السيارة.
	elih 'ann yughsil alssayarata

72 [zweiundsiebzig]

72[اثنان وسبعون]

[athnan wasabeun]72

etwas müssen

وجب فعل شيء

'wjib faeal shy

Sie muss einkaufen.

عليها أن تتسوق.

elibaha 'ann tatasawwaqa

Sie muss die Wohnung putzen.

عليها أن تنظف الشقة.

eliha 'ann tunazzif alshshiqta

Sie muss die Wäsche waschen.

عليها أن تغسل الغسيل.

eliha 'ann tughsil alghasilu

Wir müssen gleich zur Schule gehen.

علينا أن نذهب فورًا إلى المدرسة.

elina 'an nadhhab fwraan 'iilaa almudrasati

Wir müssen gleich zur Arbeit gehen.

علينا أن نذهب فورًا إلى العمل.

elina 'an nadhhab fwraan 'iilaa aleamli

Wir müssen gleich zum Arzt gehen.

علينا أن نذهب فورًا إلى الطيب.

elina 'an nadhhab fwraan 'iilaa alttabiba

Ihr müsst auf den Bus warten.

عليكم أن تنتظروا الحافلة.

elikum 'ann tantaziruu alhafilata

Ihr müsst auf den Zug warten.

عليكم أن تنتظروا القطار.

elikum 'ann tantaziruu alqitara

Ihr müsst auf das Taxi warten.

عليكم أن تنتظروا سيارة الأجرة.

elikum 'ann tantaziruu sayarat al'ajrati

etwas dürfen

السماح بفعل
شيء
'alssamah bifiel shy

Darfst du schon Auto fahren?

هل سمح لك بقيادة السيارة؟
hl samah lak biqiadat alssayarati

Darfst du schon Alkohol trinken?

هل سمح لك بشرب الكحول؟
hl samah lak bisharb alkahul

Darfst du schon allein ins Ausland fahren?

هل سمح لك بالسفر بمفردك إلى الخارج؟
hl samah lak bialssafar bimufradik 'iilaa alkharj

dürfen

سمح، أجاز، أمكن
smih, 'ajaza, 'amkin

Dürfen wir hier rauchen?

أيمكننا التدخين هنا؟
aymkanna alttadkhin hna

Darf man hier rauchen?

أمسموح التدخين هنا؟
amasmuh alttadkhin hna

Darf man mit Kreditkarte bezahlen?

أيمكن الدفع بالبطاقة الإئتمانية؟
ayumkin alddafe bialbitaqat al'iitmaniat

Darf man mit Scheck bezahlen?

أيمكن الدفع بشيك؟
aymkn alddafe bshyk

Darf man nur bar bezahlen?

أيمكن الدفع نقدًا؟
ayumkin alddafe nqdaan

73 [dreiundsiebzig]

etwas dürfen

73 [ثلاثة وسبعون]
thlathat] 73
[wasabeun

السماح بفعل
شيء
'alssamah bifiel shy

Darf ich mal eben telefonieren?	أيمكنني إجراء مخابرة هاتفية؟ aymknni 'iijra' mukhabarat hatfiat
Darf ich mal eben etwas fragen?	هل لي أن أوجه سؤالاً؟ hil li 'an 'awjjih swalaan
Darf ich mal eben etwas sagen?	أتسمحون لي بأن أقول شيئًا؟ atasmahun li bi'ann 'aqul shyyaan
Er darf nicht im Park schlafen.	لا يسمح له بالنوم في المنتزه. lla yasmah lah bialnnum fi almuntiziha
Er darf nicht im Auto schlafen.	لا يسمح له بالنوم في السيارة. lla yasmah lah bialnnum fi alssayarati
Er darf nicht im Bahnhof schlafen.	لا يسمح له بالنوم في محطة القطار. lla yasmah lah bialnnum fi mahattat alqatar
Dürfen wir Platz nehmen?	أيمكننا الجلوس؟ aymkanna aljalus
Dürfen wir die Speisekarte haben?	لائحة الطعام، من فضلك؟ layihat alttaeami, min fadalk
Dürfen wir getrennt zahlen?	أيمكننا الدفع كل على حدة؟ ayamknna alddafe kl ealaa hidti

146

um etwas bitten

طلب شيئًا
tlib shyyaan

Können Sie mir die Haare schneiden?	أيمكنك قص شعري؟ ayumkinak qas shaery
Nicht zu kurz, bitte.	رجاءً، ألا يكون قصيرًا جدًا. rja'an, 'alla yakun qsyraan jdaan
Etwas kürzer, bitte.	من فضلك، أقصر بقليل. mn fadalaka, 'aqsar biqalil
Können Sie die Bilder entwickeln?	هل يمكنك تحميض الصور؟ hl yumkinuk tahmid alswr
Die Fotos sind auf der CD.	الصور مطبوعة على القرص المدمج. alssur matbueat ealaa alquras almudmuj
Die Fotos sind in der Kamera.	الصور في آلة التصوير. alssur fi alat alttaswira
Können Sie die Uhr reparieren?	أيمكنك إصلاح الساعة؟ ayumkinak 'iislah alssaeat
Das Glas ist kaputt.	الزجاج مكسور. alzzijaj maksur
Die Batterie ist leer.	البطارية فارغة. albtariat farighata

74 [vierundsiebzig]

74 [أربعة وسبعون]
arbieat] 74
[wasabeun

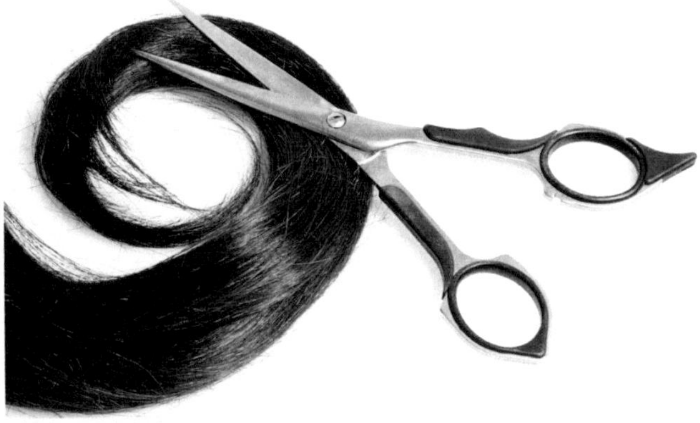

um etwas bitten

طلب شيئًا
tlib shyyaan

Können Sie das Hemd bügeln?	أيمكنك كي القميص؟ ayumkinak kay alqamis
Können Sie die Hose reinigen?	أيمكنك تنظيف السروال؟ aymkinak tanzif alssarawal'
Können Sie die Schuhe reparieren?	أيمكنك إصلاح الأحذية؟ ayumkink 'iislah al'ahadhit
Können Sie mir Feuer geben?	أتسمح لي بشعلة نار؟ atsmh li bishaelat nar
Haben Sie Streichhölzer oder ein Feuerzeug?	ألديك كبريت أو ولاعة؟ alidik kabrit 'aw walaeata
Haben Sie einen Aschenbecher?	ألديك منفضة سجائر؟ alidik munfidat sajayr
Rauchen Sie Zigarren?	أتدخن سيكار؟ atadakhn sikar
Rauchen Sie Zigaretten?	أتدخن سجائر؟ atadakhn sjayr
Rauchen Sie Pfeife?	أتدخن غليون؟ atadakhn ghalayun

etwas begründen 1

إبداء الأسباب ١
iibda' al'asbab 1'

Warum kommen Sie nicht?	لما لا تأتي؟
	lma la tati
Das Wetter ist so schlecht.	الطقس جدًا سيء.
	'alttaqs jdaan sy
Ich komme nicht, weil das Wetter so schlecht ist.	لن آتي لأن الطقس جدًا سيء.
	'Inn ati li'ann alttaqs jdaan si

Warum kommt er nicht?	لما لا يأتي؟
	lma la yati
Er ist nicht eingeladen.	هو غير مدعو.
	hu ghyr madeu
Er kommt nicht, weil er nicht eingeladen ist.	لن يأتي لأنه غير مدعو.
	In yati li'annah ghyr madeu

Warum kommst du nicht?	وأنت، لما لا تأتي ؟
	wa'anta, lima la tati
Ich habe keine Zeit.	لا وقت لدي.
	la waqt laday
Ich komme nicht, weil ich keine Zeit habe.	لن آتي إذ لا وقت لدي.
	Inn ati 'iidh la waqt ladaya

etwas begründen 1

إبداء الأسباب ١
iibda' al'asbab 1'

Warum bleibst du nicht?	لما لا تبقى؟ lma la tabqaa
Ich muss noch arbeiten.	علي متابعة العمل. eli mutabaeat aleaml
Ich bleibe nicht, weil ich noch arbeiten muss.	لن أبقى إذ علي متابعة العمل. Inn 'abqaa 'iidh eali mutabaeat aleml
Warum gehen Sie schon?	لما تذهب الآن؟ lma tadhhab alana
Ich bin müde.	أنا تعبان. ana taebana
Ich gehe, weil ich müde bin.	أذهب لأني تعبان. adhahab li'anni taebana
Warum fahren Sie schon?	لما أنت ذاهب الآن؟ lma 'ant dhahib alana
Es ist schon spät.	الوقت متأخر. alwaqt muta'akhr
Ich fahre, weil es schon spät ist.	سأذهب لأن الوقت أصبح متأخرًا. sa'adhhab li'ann alwaqt 'asbah mtakhraan

etwas begründen
2

إبداء الأسباب ٢
iibda' al'asbab 2'

Warum bist du nicht gekommen?

لما لم تأتِ؟
lma lm tati

Ich war krank.

كنت مريضًا.
knt mrydaan

Ich bin nicht gekommen, weil ich krank war.

لم آتِ لأني كنت مريضًا.
lm at li'anni kunt mrydaan

Warum ist sie nicht gekommen?

لما لم تأت هي؟
lma lm tat hi

Sie war müde.

كانت تعبانة.
kant tiebanata

Sie ist nicht gekommen, weil sie müde war.

لم تأت لأنها كانت تعبانة.
lm ta'at li'annaha kanat teban

Warum ist er nicht gekommen?

لما لم يأت ؟
lma lam yat

Er hatte keine Lust.

لم تكن لديه الرغبة.
lam takun ladayh alrraghbatu

Er ist nicht gekommen, weil er keine Lust hatte.

لم يأت لأنه لم تكن لديه الرغبة.
lam yat li'annah lm takun ladayh alrraghbata

etwas begründen
2

إبداء الأسباب ٢
iibda' al'asbab 2'

Warum seid ihr nicht gekommen?	ولما لم تأتوا؟
	wlima lm tatuu
Unser Auto ist kaputt.	سيارتنا كانت معطلة.
	syartna kanat muetalata
Wir sind nicht gekommen, weil unser Auto kaputt ist.	لم نأت لأن سيارتنا كانت معطلة.
	lm nat li'ann sayaratana kanat muetalata
Warum sind die Leute nicht gekommen?	لما لم يأت الناس؟
	lma lam yat alnnasa
Sie haben den Zug verpasst.	قد فاتهم القطار.
	qd fatihim alqitara
Sie sind nicht gekommen, weil sie den Zug verpasst haben.	لم يأتوا لأن القطار فاتهم.
	lam yatuu li'ann alqitar fatahum
Warum bist du nicht gekommen?	ولما لم تأت أنت؟
	wlima lm tat 'ant
Ich durfte nicht.	لم يسمح لي.
	lam yasmah lay
Ich bin nicht gekommen, weil ich nicht durfte.	لم آت لأنه لم يسمح لي.
	lm at li'annah lm yusmah lay

etwas begründen
3

إبداء الأسباب ٣
iibda' al'asbab 3'

Warum essen Sie die Torte nicht?

لما لا تأكل الكعكة؟
lma la takul alkaekata

Ich muss abnehmen.

علي أن أخفف وزني.
eli 'ann 'akhfaf wazani

Ich esse sie nicht, weil ich abnehmen muss.

لا آكلها إذ عليي أن أخفف وزني
lla akiluha 'iidh ealayy 'ann 'akhfif wazni

Warum trinken Sie das Bier nicht?

لما لا تشرب البيرة؟
lma la tushrib albayrata

Ich muss noch fahren.

علي متابعة السفر.
eli mutabaeat alssifr

Ich trinke es nicht, weil ich noch fahren muss.

لا أشرب البيرة إذ علي متابعة السفر.
lla 'ashrab albirat 'iidh eali mutabaeat alssifr

Warum trinkst du den Kaffee nicht?

لما لا تشرب القهوة؟
lma la tushrib alqahuta

Er ist kalt.

إنها باردة.
innaha baridata'

Ich trinke ihn nicht, weil er kalt ist.

لا أشرب القهوة لأنها باردة.
lla 'ashrab alqahwat li'annaha baridata

etwas begründen
3

إبداء الأسباب ٣
iibda' al'asbab 3'

Warum trinkst du den Tee nicht?	لما لا تشرب الشاي؟ lma la tushrib alshshay
Ich habe keinen Zucker.	ليس لدي سكر. lys laday sikr
Ich trinke ihn nicht, weil ich keinen Zucker habe.	لا أشرب القهوة، إذ لا سكر لدي. lla 'ashrab alquhwata, 'iidh la sakar ladaya
Warum essen Sie die Suppe nicht?	لما لا تأكل الحساء؟ lma la takul alhisa'a
Ich habe sie nicht bestellt.	لم أطلبها. lm 'atlabuha
Ich esse sie nicht, weil ich sie nicht bestellt habe.	لا آكل الحساء لأني لم أطلبها. lla akil alhisa' li'anni lm 'atlibha
Warum essen Sie das Fleisch nicht?	لما لا تأكل اللحم؟ lma la takul alllahma
Ich bin Vegetarier.	أنا نباتي. ana nabatia
Ich esse es nicht, weil ich Vegetarier bin.	لا آكل اللحم لأني نباتي. lla akil alllahm li'anni nabati

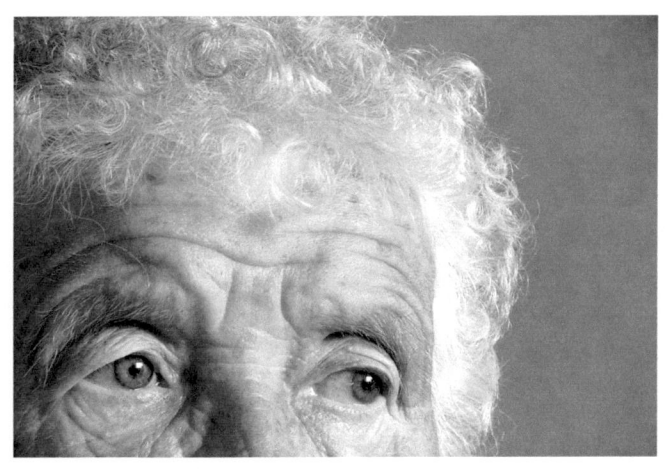

eine alte Frau	إمرأة مسنة imara'at masanat'
eine dicke Frau	إمرأة سمينة imara'at saminat'
eine neugierige Frau	إمرأة فضولية imar'at fdwlyt'
ein neuer Wagen	عربة جديدة eribat jadidat
ein schneller Wagen	عربة سريعة eribbat sarieat
ein bequemer Wagen	عربة مريحة eribat mariahat
ein blaues Kleid	ثوب أزرق thub 'azirq
ein rotes Kleid	ثوب أحمر thub 'ahmr
ein grünes Kleid	ثوب أخضر thub akhdr

Adjektive 1

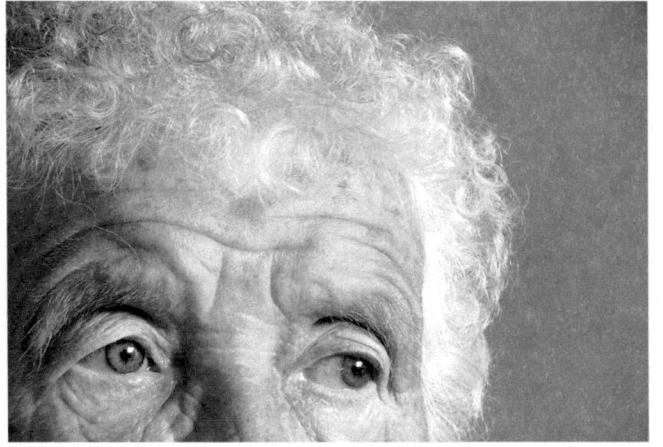

الصفات ١
alssufat 1

eine schwarze Tasche	حقيبة صغيرة سوداء 'hqibat saghirat suda
eine braune Tasche	حقيبةصغيرة بنية hqibatisghirat banyat
eine weiße Tasche	حقيبة صغيرة بيضاء 'hqibat saghirat bayda
nette Leute	أناس لطفاء 'anas latfa
höfliche Leute	أناس مهذبون anas muhdhabun
interessante Leute	أناس مهمون anas mahmun
liebe Kinder	أطفال جديرون بالحب atifal jadirun balhb
freche Kinder	أطفال وقحون atifal waqahun
brave Kinder	أطفال مهذبون atifal mmuhdhibun

Adjektive 2

الصفات ٢
alssufat 2

Ich habe ein blaues Kleid an.	أرتدي ثوبًا أزرق. artadi thwbaan 'azriq
Ich habe ein rotes Kleid an.	أرتدي ثوبًا أحمر. artadi thwbaan 'ahmir'
Ich habe ein grünes Kleid an.	أرتدي ثوبًا أخضر. artdi thwbaan 'akhdir
Ich kaufe eine schwarze Tasche.	أشتري حقيبة يد سوداء. 'ashtri haqibat yd swda
Ich kaufe eine braune Tasche.	أشتري حقيبة يد بنية. ashitri haqibat yd bany
Ich kaufe eine weiße Tasche.	أشتري حقيبة يد بيضاء. 'ashtri haqibat yd byda
Ich brauche einen neuen Wagen.	إني بحاجة إلى سيارةجديدة. iini bihajat 'iilaa syartjdydta'
Ich brauche einen schnellen Wagen.	إني بحاجة إلى سيارة سريعة. iini bihajat 'iilaa sayarat sarieata'
Ich brauche einen bequemen Wagen.	إني بحاجة إلى سيارة مريحة. iini bihajat 'iilaa sayarat muryihata'

Adjektive 2

الصفات ٢

alssufat 2

Da oben wohnt eine alte Frau.	في القسم العلوي تعيش سيدة عجوز.
	fy alqism alelwy taeish sayidatan eajuz
Da oben wohnt eine dicke Frau.	في القسم العلوي تعيش سيدة سمينة.
	fi alqism alelwy taeish sayidat samaynata
Da unten wohnt eine neugierige Frau.	في القسم السفلي تعيش سيدة فضولية.
	fy alqism alssufli taeish sayidat fduly
Unsere Gäste waren nette Leute.	كان ضيوفنا أناسًا لطفاء.
	kan duyufina anasaan llatafa'a
Unsere Gäste waren höfliche Leute.	كان ضيوفنا أناسًا مؤدبين.
	kan duyufina anasaan mmuaddibin
Unsere Gäste waren interessante Leute.	كان ضيوفنا أناسًا مهمين.
	kan duyufina anasaan mmahmin
Ich habe liebe Kinder.	عندي أطفال مطيعون.
	endi 'atfal mutayeun
Aber die Nachbarn haben freche Kinder.	لكن جيراننا عندهم أولاد وقحون.
	lkinn jiranuna eindahum 'awlad waqahuana
Sind Ihre Kinder brav?	هل أولادك مؤدبون ؟
	hl 'awladuk muaddibun

80 [achtzig]

Adjektive 3

80[ثمانون]
[thmanun]80

الصفات ٣
alssufat 3

Sie hat einen Hund.

لديها كلب.
lddiha kalub

Der Hund ist groß.

الكلب كبير.
alkulab kabir

Sie hat einen großen Hund.

لديها كلب كبير.
ldiha kalab kabir

Sie hat ein Haus.

إنها تملك بيتًا.
innaha tamlik bytaan'

Das Haus ist klein.

البيت صغير.
albayt saghir

Sie hat ein kleines Haus.

إنها تملك بيتًا صغيرًا.
innaha tamlik bytaan sghyraan'

Er wohnt in einem Hotel.

إنه يسكن في فندق.
innah yuskin fi funduqa'

Das Hotel ist billig.

الفندق رخيص.
alfunduq rakhays

Er wohnt in einem billigen Hotel.

إنه يسكن في فندق رخيص.
innah yuskin fi funduq rrakhis'

159

Adjektive 3

الصفات ٣
alssufat 3

Er hat ein Auto.

إنه يملك سيارة.
innah yamlik sayaarata'

Das Auto ist teuer.

السيارة غالية.
alssayarat ghaliata

Er hat ein teures Auto.

إنه يملك سيارة غالية.
innah yamlik sayaratan ghaliata'

Er liest einen Roman.

إنه يقرأ رواية.
innah yaqra rawayata'

Der Roman ist langweilig.

الرواية مملة.
alrrawayat mumalata

Er liest einen langweiligen Roman.

إنه يقرأ رواية مملة.
innah yaqra riwayat mumalata'

Sie sieht einen Film.

إنها تشاهد فيلمًا.
innaha tushahad fylmaan'

Der Film ist spannend.

الفيلم مشوق.
alfilam mashawq

Sie sieht einen spannenden Film.

إنها تشاهد فيلمًا مشوقًا.
innaha tushahid fylmaan mshwqaan'

81 [einundachtzig]

81[واحد وثمانون]
wahid]81
[wathmanwn

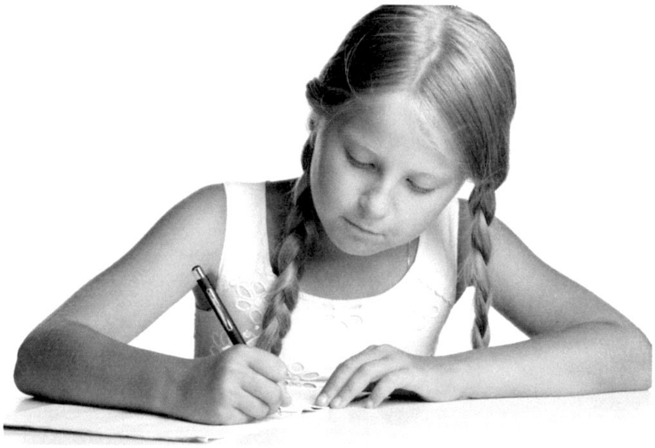

Vergangenheit 1

صيغة الماضي ١
syghat almadi 1

schreiben	كتب ktb
Er schrieb einen Brief.	هو كتب رسالة. hu kutib risalata
Und sie schrieb eine Karte.	وهي كتبت بطاقة. whi katabt bitaqata
lesen	قرأ qra
Er las eine Illustrierte.	هو قرأ مجلة. hu qara majalata
Und sie las ein Buch.	وهي قرأت كتاباً. whi qarat ktabaan
nehmen	أخذ akhdh
Er nahm eine Zigarette.	هو أخذ سيجارة. hu 'akhadh siajarata
Sie nahm ein Stück Schokolade.	وهي أخذت قطعة شوكولا. whi 'ukhidhat qiteatan shawakula

Vergangenheit 1

صيغة الماضي ١
syghat almadi 1

Er war untreu, aber sie war treu.

هو كان غير مخلص، أما هي فكانت مخلصة.
hu kan ghyr mukhallis, 'amma hi fakanat mukhlasata

Er war faul, aber sie war fleißig.

هو كان كسولاً، أما هي فكانت مجتهدة.
hu kan kswlaan, 'amma hi fakanat mujtahid

Er war arm, aber sie war reich.

هو كان فقيراً، أما هي فكانت غنية.
hu kan fqyraan, 'amma hi fakanat ghaniata

Er hatte kein Geld, sondern Schulden.

لم يكن لديه مال، وإنما ديون.
lam yakun ladayh malan, wa'innama dayuna

Er hatte kein Glück, sondern Pech.

لم يكن محظوظاً، وإنما منحوساً.
lam yakun mhzwzaan, wa'innama mnhwsaan

Er hatte keinen Erfolg, sondern Misserfolg.

لم يكن ناجحاً، وإنما فاشلاً.
lam yakun najhaan, wa'innama fashlaan

Er war nicht zufrieden, sondern unzufrieden.

لم يكن مسروراً، وإنما مستاءاً.
lm yakun msrwraan, wa'innama msta'aan

Er war nicht glücklich, sondern unglücklich.

لم يكن سعيداً، وإنما يائساً.
lam yakun seydaan, wa'innama yaysaan

Er war nicht sympathisch, sondern unsympathisch.

لم يكن ظريفاً، وإنما ثقيل الظل.
lam yakun zryfaan, wa'innama thaqil alzzll

Vergangenheit 2

صيغة الماضي ٢
syghat almadi 2

Musstest du einen Krankenwagen rufen?	هل اضطررت إلى طلب سيارة إسعاف؟
	hil adtarart 'iilaa talab sayarat 'iiseaf
Musstest du den Arzt rufen?	هل اضطررت إلى استدعاء الطبيب؟
	hil adtarart 'iilaa aistidea' alttabib
Musstest du die Polizei rufen?	هل اضطررت إلى طلب الشرطة؟
	hl adtarart 'iilaa talab alshshurtat

Haben Sie die Telefonnummer? Gerade hatte ich sie noch.	أبحوزتك رقم الهاتف؟ كان لدي منذ قليل.
	abihuazatk raqm alhatifa kan laday mundh qalil
Haben Sie die Adresse? Gerade hatte ich sie noch.	أبحوزتك العنوان؟ كان لدي منذ قليل.
	abihuaztik aleunwana kan laday mundh qalil
Haben Sie den Stadtplan? Gerade hatte ich ihn noch.	أبحوزتك مخطط المدينة؟ كان لدي منذ قليل.
	abihuazatk mukhattat almadinata kan laday mundh qalil

Kam er pünktlich? Er konnte nicht pünktlich kommen.	هل أتى في الموعد؟ لم يتمكن من القدوم في الوقت المناسب.
	hl 'ataa fi almaweid lm yatamakkan min alqudum fi alwaqt almunasib
Fand er den Weg? Er konnte den Weg nicht finden.	هل وجد الطريق؟ لم يتمكن من العثور عليه.
	hl wajad alttariq lm yatamakkan min aleuthur ealayha
Verstand er dich? Er konnte mich nicht verstehen.	هل فهمك؟ لم يتمكن من فهمي.
	hl fahamuka lm yatamakkan min fahammi

Vergangenheit 2

صيغة الماضي ٢
syghat almadi 2

Warum konntest du nicht pünktlich kommen?	لما لم تأتِ في الوقت المناسب؟
	Ima Im tat fi alwaqt almunasib
Warum konntest du den Weg nicht finden?	لما لم تتمكن من إيجاد الطريق؟
	Ima Im tatamakkan min 'iijad alttariq
Warum konntest du ihn nicht verstehen?	لما لم تتمكن من فهمه؟
	Ima Im tatamakkan min fahimh

Ich konnte nicht pünktlich kommen, weil kein Bus fuhr.	لم أتمكن من القدوم، لأن الحافلات لا تسير.
	Im 'atamakkan min alqudumi, li'ann alhafilat la tasir
Ich konnte den Weg nicht finden, weil ich keinen Stadtplan hatte.	لم أتمكن من إيجاد الطريق، إذ لم يكن لدي مخطط المدينة.
	Im 'atamakkan min 'iijad alttariq, 'iidh Im yakun laday mukhattat almadinata
Ich konnte ihn nicht verstehen, weil die Musik so laut war.	لم أتمكن من فهمه، لأن الموسيقى كانت صاخبة بشكل.
	Im 'atamakkan min fahmih, li'ann almusiqaa kanat sakhibatan bshkl

Ich musste ein Taxi nehmen.	اضطررت لأخذ سيارة أجرة.
	adtrirt li'akhdh sayarat 'ajrata
Ich musste einen Stadtplan kaufen.	اضطررت لشراء مخطط للمدينة.
	adtrart lishira' mukhattat lilmadinata
Ich musste das Radio ausschalten.	اضطررت لإطفاء المذياع.
	adtrart li'iitfa' almadhiae

Vergangenheit 3

صيغة الماضي ٣
syghat almadi 3

telefonieren

هاتف
hatf

Ich habe telefoniert.

لقد اتصلت هاتفيًا.
lqad aittasalat hatfyaan

Ich habe die ganze Zeit telefoniert.

اتصلت بالهاتف طيلة الوقت.
attasalt bialhatif tilat alwaqta

fragen

سأل، طلب
s'ul, tlb

Ich habe gefragt.

قد سألت.
qd sa'alta

Ich habe immer gefragt.

كنت دائمًا أسأل.
knt daymaan 'as'al

erzählen

حكى، قصّ، روى
hkaa, qss, rawaa

Ich habe erzählt.

لقد رويت.
lqad ruita

Ich habe die ganze Geschichte erzählt.

لقد رويت القصة بكاملها.
lqad ruit alqissat bkamlha

Vergangenheit 3

صيغة الماضي ٣
syghat almadi 3

lernen

تعلّم، حفظ
tellm, hfz

Ich habe gelernt.

لقد تعلمت / ذاكرت.
lqad taelamt / dhakarata

Ich habe den ganzen Abend gelernt.

لقد ذاكرت طيلة المساء.
'lqd dhakart tilat almasa

arbeiten

عمل، اشتغل
emil, ashtghl

Ich habe gearbeitet.

لقد اشتغلت.
lqad ashtaghalata

Ich habe den ganzen Tag gearbeitet.

لقد اشتغلت طيلة النهار.
lqad aishtaghalat tilat alnnahar

essen

أكل
akl

Ich habe gegessen.

لقد أكلت.
lqad 'akalat

Ich habe das ganze Essen gegessen.

لقد أكلت كل الطعام.
lqad 'akkalat kl alttaeam

Vergangenheit 4

صيغة الماضي ٤
syghat almadi 4

lesen	قرأ qra
Ich habe gelesen.	لقد قرأت. lqad qara'ata
Ich habe den ganzen Roman gelesen.	لقد قرأت الرواية بكاملها. lqad qarat alrrawayat bkamlha
verstehen	فهم، استوعب fhim, astaweab
Ich habe verstanden.	لقد فهمت. lqad fahamta
Ich habe den ganzen Text verstanden.	لقد فهمت النص بكامله. lqid fahimt alnnss bikamiluh
antworten	رد، أجاب rd, 'ajab
Ich habe geantwortet.	لقد أجبت. lqad 'ajbata
Ich habe auf alle Fragen geantwortet.	لقد أجبت على جميع الأسئلة. lqid 'ajabat ealaa jmye al'asyilata

Vergangenheit 4

صيغة الماضي ٤
syghat almadi 4

Ich weiß das – ich habe das gewusst.

أعلم ذلك ـــــ لقد علمت ذلك.
aeilam dhlk laqad ealimt dhalluka

Ich schreibe das – ich habe das geschrieben.

أكتب ذلك ـــــ لقد كتبت ذلك.
aktib dhlk laqad katabt dhalluka

Ich höre das – ich habe das gehört.

أسمع ذلك ـــــ لقد سمعت ذلك.
asamae dhlk laqad samiet dhalluka

Ich hole das – ich habe das geholt.

أحضر ذلك ـــ لقد أحضرت ذلك.
uhdr dhlk laqad 'ahdarat dhalluka'

Ich bringe das – ich habe das gebracht.

أجلب ذلك ـــــ لقد جلبت ذلك.
ajulb dhlk laqad jullibt dhalluka

Ich kaufe das – ich habe das gekauft.

أشتري ذلك ـــــ لقد اشتريت ذلك.
ashtri dhlk laqad ashtarayt dhalk

Ich erwarte das – ich habe das erwartet.

أتوقع ذلك ـــــ لقد توقعت ذلك.
atawaqae dhlk laqad tawaqqaet dhalluka

Ich erkläre das – ich habe das erklärt.

أشرح ذلك ـــــ لقد شرحت ذلك.
ashrah dhlk laqad shariht dhalluka

Ich kenne das – ich habe das gekannt.

أعرف ذلك ـــــ لقد عرفت ذلك.
aearif dhlk laqad earafat dhaluk

Fragen –
Vergangenheit 1

أسئلة –صيغة
الماضي ١
asyilat -syghat almadi 1

Wie viel haben Sie getrunken?	كم شربت؟ kum shrbt
Wie viel haben Sie gearbeitet?	كم أنجزت من العمل؟ kum 'anjazat min aleiml
Wie viel haben Sie geschrieben?	كم كتبت؟ kum katabt
Wie haben Sie geschlafen?	كيف نمت؟ kif nmt
Wie haben Sie die Prüfung bestanden?	كيف اجتزت الامتحان؟ kyf ajtazat alaimtihan
Wie haben Sie den Weg gefunden?	كيف عثرت على الطريق؟ kif eatharat ealaa alttariq
Mit wem haben Sie gesprochen?	مع من تكلمت؟ me min takallamt
Mit wem haben Sie sich verabredet?	مع من تواعدت؟ me min tawaeudt
Mit wem haben Sie Geburtstag gefeiert?	مع من احتفلت في عيد الميلاد؟ me min ahtafalt fi eid almilad

Fragen –
Vergangenheit 1

أسئلة –صيغة
الماضي ١
asyilat -syghat almadi 1

Wo sind Sie gewesen?	أين كنت؟ ayn kunt
Wo haben Sie gewohnt?	أبين كنت تعيش؟ abin kunt teish
Wo haben Sie gearbeitet?	أين كنت تشتغل؟ ayn kunt tashtghl
Was haben Sie empfohlen?	بما نصحت؟ bma nasaht
Was haben Sie gegessen?	ماذا أكلت؟ mmadha 'akalat
Was haben Sie erfahren?	ماذا تعلمت؟ mmadha taelamut
Wie schnell sind Sie gefahren?	كم كانت سرعتك وأنت تقود؟ kum kanat siretk wa'ant tqwd
Wie lange sind Sie geflogen?	كم دام الطيران؟ kum dam altyran
Wie hoch sind Sie gesprungen?	إلى أي علوّ قفزت؟ iilaa 'ay elw qafzat'

Fragen –
Vergangenheit 2

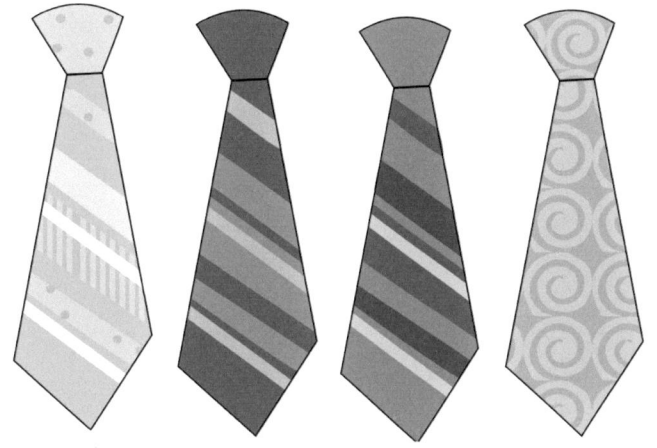

أسئلة – صيغة
الماضى ٢
asyilat - sighat almadaa 2

Welche Krawatte hast du getragen?	أية ربطة عنق ارتديت؟
	ayat rubtat eanq artadit
Welches Auto hast du gekauft?	أية سيارة اشتريت؟
	ayat sayarat ashtarayt
Welche Zeitung hast du abonniert?	ما الصحيفة التى اشتركت بها؟
	ma alssahifat alty aishtarakat biha
Wen haben Sie gesehen?	من رأيت؟
	mn rayt
Wen haben Sie getroffen?	من قابلت؟
	mn qabilt
Wen haben Sie erkannt?	على من تعرفت؟
	elaa min taerifit
Wann sind Sie aufgestanden?	متى استيقظت؟
	mtaa astyqazt
Wann haben Sie begonnen?	متى بدأت؟
	mtaa badat
Wann haben Sie aufgehört?	متى توقفت؟
	mtaa tawqft

Fragen –
Vergangenheit 2

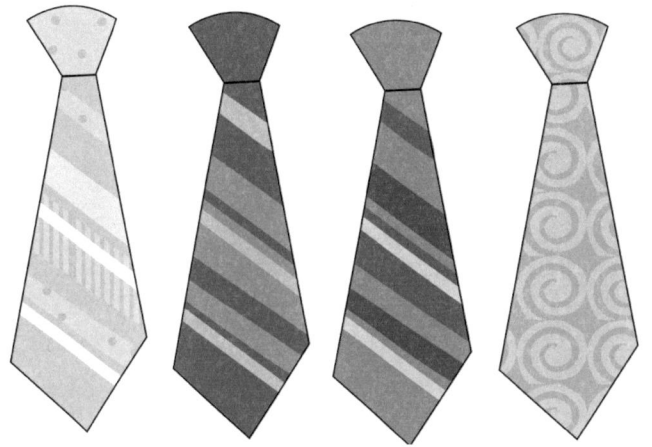

أسئلة – صيغة
الماضى ٢
asyilat - sighat almadaa 2

Warum sind Sie aufgewacht?

لما استيقظت؟
lma astayqazat

Warum sind Sie Lehrer geworden?

لما أصبحت مدرساً؟
lma 'asbahat mdrsaan

Warum haben Sie ein Taxi genommen?

لماذا استقليت سيارة أجرة؟
lmadha astaqlit sayarat 'ajrat

Woher sind Sie gekommen?

من أين أتيت / قدمت؟
mn 'ayn 'atayt / qaddamat

Wohin sind Sie gegangen?

إلى أين تذهب؟
iilaa 'ayn tadhhb'

Wo sind Sie gewesen?

أين كنت؟
ayn kunt

Wem hast du geholfen?

من ساعدت؟
mn saeidt

Wem hast du geschrieben?

لمن كتبت؟
lmin katabt

Wem hast du geantwortet?

من أجابت؟
mn 'ajabt

Vergangenheit
der Modalverben
1

صيغة الماضي
للأفعال الواصفة
للحال ١
syghat almadi lil'afeal
alwasifat lilhal 1

Wir mussten die Blumen gießen.	كان علينا سقي الأزهار. kan ealayna saqi al'azhar
Wir mussten die Wohnung aufräumen.	كان علينا ترتيب الشقة. kan ealayna tartib alshshiqta
Wir mussten das Geschirr spülen.	كان علينا غسل الأطباق. kan ealayna ghasl al'atbaq
Musstet ihr die Rechnung bezahlen?	هل توجب عليكم دفع الحساب؟ hl tawajjab ealaykum dafe alhisabi
Musstet ihr Eintritt bezahlen?	هل كان عليكم دفع رسم الدخول؟ hl kan ealaykum dafe rusim alddakhul
Musstet ihr eine Strafe bezahlen?	هل كان عليكم دفع غرامة؟ hl kan ealaykum dafe gharamat
Wer musste sich verabschieden?	من اضطر أن يودع؟ mn 'udturr 'ann ywde
Wer musste früh nach Hause gehen?	من اضطر للذهاب إلى البيت مبكرًا؟ mn 'udturr lildhdhahab 'iilaa albayt mbkraan
Wer musste den Zug nehmen?	من اضطر لأخذ القطار؟ mn 'udturr li'akhdh alqitar

Vergangenheit
der Modalverben
1

صيغة الماضي
للأفعال الواصفة
للحال ١
syghat almadi lil'afeal
alwasifat lilhal 1

Wir wollten nicht lange bleiben.	لم نرغب في البقاء طويلاً. lm narghab fi albaqa' twylaan
Wir wollten nichts trinken.	لم نرد أن نشرب شيئًا. lm nuradd 'ann nashrib shyyaan
Wir wollten nicht stören.	لم نرد أن نزعج أحدًا. lm nuradd 'ann nazeaj ahdaan
Ich wollte eben telefonieren.	كنت أريد الاتصال بالهاتف. knt 'urid alaittisal bialhatf
Ich wollte ein Taxi bestellen.	كنت أريد طلب سيارة أجرة. knt 'urid talab sayarat 'ajrat
Ich wollte nämlich nach Haus fahren.	كنت أريد الذهاب إلى البيت. knt 'urid aldhdhahab 'iilaa albita
Ich dachte, du wolltest deine Frau anrufen.	ظننت أنك ستتصل بزوجتك؟ znint 'annak satatasil bizawjtk
Ich dachte, du wolltest die Auskunft anrufen.	ظننت أنك ستتصل بالاستعلامات. znint 'annak satatasil bialaistielamata
Ich dachte, du wolltest eine Pizza bestellen.	ظننت أنك ستطلب بيتزا. znint 'annak satatlub biatza

Vergangenheit
der Modalverben
2

صيغة الماضي
للأفعال الواصفة
للحال ٢
syghat almadi lil'afeal
alwasifat lilhal 2

Mein Sohn wollte nicht mit der Puppe spielen.	لم يرد ابني اللعب مع الدمية. lm yuradd abni alllaeb mae alddamiata
Meine Tochter wollte nicht Fußball spielen.	لم يرد ابني اللعب بكرة القدم. lm yuradd abni alllaeb bukrat alqadm
Meine Frau wollte nicht mit mir Schach spielen.	لم ترد زوجتي أن تلعب الشطرنج معي. lm trd zawjati 'an taleab alshtarnj maeay
Meine Kinder wollten keinen Spaziergang machen.	لم يرغب أولادي القيام بنزهة. lm yarghab 'awladi alqiam binazhata
Sie wollten nicht das Zimmer aufräumen.	لم يريدوا ترتيب الغرفة. lam yuriduu tartib algharfati
Sie wollten nicht ins Bett gehen.	لم يريدوا الذهاب إلى الفراش. lam yuriduu aldhdhahab 'iilaa alfarashi
Er durfte kein Eis essen.	لم يسمح له بتناول البوظة. lam yasmah lah bitanawul albawzata
Er durfte keine Schokolade essen.	لم يسمح له بتناول الشوكولا. lam yasmah lah bitanawul alshshawkula
Er durfte keine Bonbons essen.	لم يسمح له بتناول الملبس. lm yasmah lah bitanawul almalbis

Vergangenheit der Modalverben 2

صيغة الماضي للأفعال الواصفة للحال ٢

syghat almadi lil'afeal alwasifat lilhal 2

Ich durfte mir etwas wünschen.	سمح لي أن أتمنى شيئًا.
	smih li 'an 'atamanna shyyaan
Ich durfte mir ein Kleid kaufen.	سمح لي بشراء ثوب.
	smih li bishira' thuban
Ich durfte mir eine Praline nehmen.	سمح لي بتناول حبة شوكولا.
	smih li bitanawul habbatan shawakula
Durftest du im Flugzeug rauchen?	هل سمح لك بالتدخين في الطائرة؟
	hl samah lak bialttadkhin fi alttayirati
Durftest du im Krankenhaus Bier trinken?	هل سمح لك بشرب البيرة في المشفى؟
	hl samah lak bisharb albirat fi almushfaa
Durftest du den Hund ins Hotel mitnehmen?	هل سمح لك بإدخال الكلب إلى الفندق؟
	hl samah lak bi'iidkhal alkalb 'iilaa alfandq
In den Ferien durften die Kinder lange draußen bleiben.	خلال العطلة المدرسية سمح لأطفال البقاء في الخارج لفترة طويلة.
	khilal aleutlat almadrasiat samah li'atfal albaqa' fi alkharij lifatrat tawilata
Sie durften lange im Hof spielen.	وقد سمح لهم اللعب في صحن الدار.
	wqid samah lahum alllaeb fi sihn alddar
Sie durften lange aufbleiben.	كما سمح لهم السهر طويلاً.
	kma samah lahum alssahr twylaan

Imperativ 1

صيغة الأمر ١
syghat al'amr 1

Du bist so faul – sei doch nicht so faul!

Du schläfst so lang – schlaf doch nicht so lang!

Du kommst so spät – komm doch nicht so spät!

Du lachst so laut – lach doch nicht so laut!

Du sprichst so leise – sprich doch nicht so leise!

Du trinkst zu viel – trink doch nicht so viel!

Du rauchst zu viel – rauch doch nicht so viel!

Du arbeitest zu viel – arbeite doch nicht so viel!

Du fährst so schnell – fahr doch nicht so schnell!

أنت كسول بشكل ـــــ لا تكن كسولاً للغاية!
ant kusul bishakl la takun kswlaan lilghayt

أنت تنام طويلاً ـــــ لا تنم طويلاً!
ant tanam twylaan la tanm twylaan

إنك تأتي في وقت متأخر ـــــ لا تتأخر بهذا الشكل!
innak tati fi waqt muta'akhkhir la tata'akhkhar bhdha alshshukl'

إنك تضحك بصوت عالٍ ـــــ لا تضحك كذلك!
innak tadhk bisawt eal la tadhak kadhalk'

إنك تتكلم بصوت منخفض ـــــ لا تتكلم هكذا!
innak tatakallam bisawt munkhafid la tatakallam hukdha'

إنك تشرب كثيرًا ـــ لا تشرب بهذا القدر!
innak tashrab kthyraan la tashrib bhdha alqudr'

إنك تدخن كثيرًا ـــــ لا تدخن كثيرًا!
innak tadkhun kthyraan la tadkhun kathira'

إنك تعمل كثيرًا ـــــ لا تعمل كثيرًا!
innak taemal kthyraan la taemal kthyraan'

إنك تسرع كثيرًا ـــ خفف السرعة!
innak tusrie kthyraan khaffaf alssareati'

Imperativ 1

صيغة الأمر ١
syghat al'amr 1

Stehen Sie auf, Herr Müller!	إنهض، يا سيد مولر! iinhid, ya syd mwlr'
Setzen Sie sich, Herr Müller!	إجلس، يا سيد مولر! iijlis, ya syd mwlr'
Bleiben Sie sitzen, Herr Müller!	ابق في مقعدك، سيد مولر! abiq fi maqeadik, syd mwlr
Haben Sie Geduld!	كن صبورًا! / تحلى بالصبر! kn sbwraan / tahalla bialssibr
Nehmen Sie sich Zeit!	خذ وقتك! / لا تتسرع! khdh waqqatuka / la tatasarea
Warten Sie einen Moment!	انتظر لحظة! / انتظر قليلاً! antazar lahiztan / aintazar qlylaan
Seien Sie vorsichtig!	كن حذرًا! kn hdhraan
Seien Sie pünktlich!	كن دقيقًا في المواعيد! kn dqyqaan fi almawaeid
Seien Sie nicht dumm!	لا تكن غبيًا! lla takun ghbyaan

Imperativ 2

صيغة الأمر ٢
syghat al'amr 2

Rasier dich!	!إحلق ذقنك ihalaq dhaqank'
Wasch dich!	!إغتسل ightsl'
Kämm dich!	!مشط شعرك mshit shaerk
Ruf an! Rufen Sie an!	!اتصل هاتفيًا! / اتصلوا هاتفيًا attasil hatfyaan / aittasaluu hatfyaan
Fang an! Fangen Sie an!	!إبدأ! / إبدوا ibada / 'iibdu'
Hör auf! Hören Sie auf!	!توقف! / توقفوا twaqf / tawqifuu
Lass das! Lassen Sie das!	!دع ذلك! / دعوا ذلك de dhilka / daeawa dhalk
Sag das! Sagen Sie das!	!قل ذلك! / قولوا ذلك ql dhilka / quluu dhalka
Kauf das! Kaufen Sie das!	!اشتر ذلك! / اشتروا ذلك ashitr dhalka / ashtarawa dhalk

Imperativ 2

صيغة الأمر ٢
syghat al'amr 2

Sei nie unehrlich!	لا تكن منافقًا! lla takun mnafqaan
Sei nie frech!	لا تكن وقحًا! lla takun wqhaan
Sei nie unhöflich!	لا تكن فظًا! la takun fzaan
Sei immer ehrlich!	كن دائمًا صادقًا! kn daymaan sadqaan
Sei immer nett!	كن دائمًا لطيفًا! kn daymaan ltyfaan
Sei immer höflich!	كن دائمًا مؤدبًا! knn daymaan mwdbaan
Kommen Sie gut nach Haus!	لتصل بسلامة! lttasal bisalamt
Passen Sie gut auf sich auf!	حافظ على صحتك! / إعتن بنفسك! hafuz ealaa sihtka / 'iietun binafsuk
Besuchen Sie uns bald wieder!	كرر زيارتك قريبًا! krir ziaratak qrybaan

Nebensätze mit
dass 1

٩١ [واحد وتسعون]
wahid] 91
[wataseun

الجمل الثانوية مع
أنّ ١
aljamal alththanawiat me
an 1

Das Wetter wird vielleicht morgen besser.

قد يتحسن الطقس غدًا.
qd yatahassan alttaqs ghdaan

Woher wissen Sie das?

كيف علمت ذلك؟
kif ealimt dhalk

Ich hoffe, dass es besser wird.

آمل أن يتحسن.
amil 'ann yatahasana

Er kommt ganz bestimmt.

سيأتي بالتأكيد.
syati bialttakid

Ist das sicher?

هل هذا مؤكد؟
hl hdha mwkd

Ich weiß, dass er kommt.

أعلم أنه سيأتي.
aeilam 'annah sayati

Er ruft bestimmt an.

سيخابرنا بالتأكيد.
syukhabirna bialttakid

Wirklich?

حقًا؟
hqaan

Ich glaube, dass er anruft.

أظن أنه سيخابر.
azin 'annah sayukhabur

Nebensätze mit dass 1

الجمل الثانوية مع
أنّ ١
aljamal alththanawiat me
an 1

Der Wein ist sicher alt.	النبيذ بالتأكيد معتق. alnnabidh bialttakid muetuq
Wissen Sie das genau?	هل تعلم ذلك حقًا؟ hl taelam dhlk hqaan
Ich vermute, dass er alt ist.	أظن أنه معتق. azin 'annah muetuqa
Unser Chef sieht gut aus.	مديرنا جذاب. mdiruna jadhab
Finden Sie?	أترى ذلك؟ ataraa dhalk
Ich finde, dass er sogar sehr gut aussieht.	إني أرى أنه جذاب. iini 'araa 'annah jadhab'
Der Chef hat bestimmt eine Freundin.	لمديرنا بالتأكيد صديقة. lmadiruna bialttakid sadiqata
Glauben Sie wirklich?	أتعتقد ذلك حقًا؟ ataetaqid dhlk hqaan
Es ist gut möglich, dass er eine Freundin hat.	من المحتمل جدًا، أن تكون لديه صديقة. mn almuhtamal jdaan, 'an takun ladayh sadiaqat

Nebensätze mit
dass 2

الجمل الثانوية مع
أنّ ٢
aljamal alththanawiat me
an 2

Es ärgert mich, dass du schnarchst.

يزعجني أنك تشخر.
yzaeajni 'annak tashkhir

Es ärgert mich, dass du so viel Bier trinkst.

يزعجني أنك تكثر من شرب البيرة.
yzaeajni 'annak takthur min shurb albayrata

Es ärgert mich, dass du so spät kommst.

يزعجني أنك تأتي متأخرًا.
yzaeajni 'annak tati mtakhraan

Ich glaube, dass er einen Arzt braucht.

أظن أنه بحاجة إلى طبيب.
azin 'annah bihajat 'iilaa tabiba

Ich glaube, dass er krank ist.

أظن أنه مريض.
azin 'annah marid

Ich glaube, dass er jetzt schläft.

أظن أنه نائم.
azin 'annah nayima

Wir hoffen, dass er unsere Tochter
heiratet.

نأمل أن يتزوج ابنتنا.
n'amal 'ann yatazawwaj abnatana

Wir hoffen, dass er viel Geld hat.

نأمل أن تكون لديه نقودًا كثيرة.
n'amal 'an takun ladayh nqwdaan kathirata

Wir hoffen, dass er Millionär ist.

نأمل أن يكون مليونيرًا.
n'amal 'an yakun mlywnyraan

⇨

Nebensätze mit
dass 2

92 [اثنان وتسعون]
athnnan] 92
[wataseun

الجمل الثانوية مع
أنّ ٢
aljamal alththanawiat me
an 2

Ich habe gehört, dass deine Frau einen
Unfall hatte.
Ich habe gehört, dass sie im Krankenhaus
liegt.
Ich habe gehört, dass dein Auto total
kaputt ist.

سمعت أن زوجته أصيبت بحادث.
ismaet 'ann zawjatih 'usibat bihadith

سمعت أنها في المستشفى.
smaet 'annaha fi almustashfaa

سمعت أن السيارة تلفت تمامًا.
smaet 'ann alssayarat talaft tmamaan

Es freut mich, dass Sie gekommen sind.

يسعدني أنك أتيت.
ysuedni 'annak 'atita

Es freut mich, dass Sie Interesse haben.

يسعدني أنك مهتم.
ysedni 'annak muhtuma

Es freut mich, dass Sie das Haus kaufen
wollen.

يسعدني أنك ستشتري المنزل.
ysiedni 'annak satashtari almunzil

Ich fürchte, dass der letzte Bus schon weg
ist.
Ich fürchte, dass wir ein Taxi nehmen
müssen.
Ich fürchte, dass ich kein Geld bei mir
habe.

أخشى أن تكون آخر حافلة قد مضت.
akhashaa 'an takun akhar hafilat qad madta

أخشى أننا سنضطر لأخذ سيارة أجرة.
akhushaa 'annana sanadtur li'akhdh sayarat 'ajrata

أخشى ألا أحمل نقودًا.
akhashaa 'alla 'ahmil nqwdaan

Nebensätze mit
ob

الجمل الثانوية مع
إنْ
aljamal alththanawiat
mae 'in

Ich weiß nicht, ob er mich liebt.	لا أدري إن كان يحبني.
	lla 'adri 'iin kan yahbbini
Ich weiß nicht, ob er zurückkommt.	لا أدري إن كان سيعود.
	lla 'adri 'iin kan sayaeuda
Ich weiß nicht, ob er mich anruft.	لا أدري إن كان سيتصل بي.
	lla 'adri 'iin kan sayatasil bi
Ob er mich wohl liebt?	أيحبني، يا ترى؟
	ayahabni, ya taraa
Ob er wohl zurückkommt?	هل سيعود، يا ترى؟
	hl sayaeud, ya taraa
Ob er mich wohl anruft?	هل سيتصل بي، يا ترى؟
	hl sayatasil bia, ya taraa
Ich frage mich, ob er an mich denkt.	إني أتساءل إن كان يفكر بي.
	iini 'atasa'al 'iin kan yufakkir bay'
Ich frage mich, ob er eine andere hat.	إني أتساءل عما إذا كانت لديه صديقة أخرى.
	iini 'atasa'al eamma 'iidha kanat ladayh sadiqat 'ukhraa'
Ich frage mich, ob er lügt.	إني أتساءل عما إذا كان يكذب.
	iini 'atasa'al eamma 'iidha kan yukdhib'

Nebensätze mit
ob

الجمل الثانوية مع
إنْ
aljamal alththanawiat
mae 'in

Ob er wohl an mich denkt?

هل يفكر بي، يا ترى؟
hl yufakkir bi, ya taraa

Ob er wohl eine andere hat?

هل لديه صديقة أخرى، يا ترى؟
hil ladayh sadiqat 'ukhraa, ya taraa

Ob er wohl die Wahrheit sagt?

هل يقول الحقيقة، يا ترى؟
hl yaqul alhaqiqat, ya taraa

Ich zweifele, ob er mich wirklich mag.

إني أشك فيما إذا كان يحبني حقًا.
iini 'ashukk fima 'iidha kan yahbani hqaan'

Ich zweifele, ob er mir schreibt.

إني أشك فيما إذا كان سيكتب لي.
iini 'ashukk fima 'iidha kan sayaktib lay'

Ich zweifele, ob er mich heiratet.

إني أشك فيما إذا كان سيتزوجني.
iini 'ashukk fima 'iidha kan sayatazawwajani'

Ob er mich wohl wirklich mag?

أتساءل إن كنت حقًا أعجبه.
atasa'al 'iin kunt hqaan 'aejabuha

Ob er mir wohl schreibt?

سيكتب لي. أتساءل إن كان حقًا
syaktub li 'atasa'al 'iin kan hqaan

Ob er mich wohl heiratet?

أتساءل إن كان حقًا سيتزوجني.
atasa'al 'iin kan hqaan sayatazawwajani

Konjunktionen 1

أدوات الربط ١
adawat alrrabt 1

Warte, bis der Regen aufhört.

انتظر حتى يتوقف المطر.
antazar hatta yatawaqqaf almatar

Warte, bis ich fertig bin.

انتظر ، حتى أصبح جاهزًا.
antazar , hatta 'asbah jahzaan

Warte, bis er zurückkommt.

انتظر حتى يعود.
antazar hatta yaeud

Ich warte, bis meine Haare trocken sind.

سأنتظر حتى يجف شعري.
s'antazir hatta yajaf shaeri

Ich warte, bis der Film zu Ende ist.

سأنتظر حتى ينتهي الفيلم.
s'antazir hatta yantahi alfiluma

Ich warte, bis die Ampel grün ist.

سأنتظر حتى تصبح الإشارة خضراء.
's'antazir hatta tusbih al'iisharat khadara

Wann fährst du in Urlaub?

متى ستسافر في إجازة ؟
mtaa satusafir fi 'iijaza

Noch vor den Sommerferien?

قبل أن تبدأ العطلة الصيفية.
qbil 'an tabda aleutlat alssayfiata

Ja, noch bevor die Sommerferien beginnen.

نعم ، قبل بداية العطلة الصيفية.
neum , qabl bidayat aleutlat alssayfiata

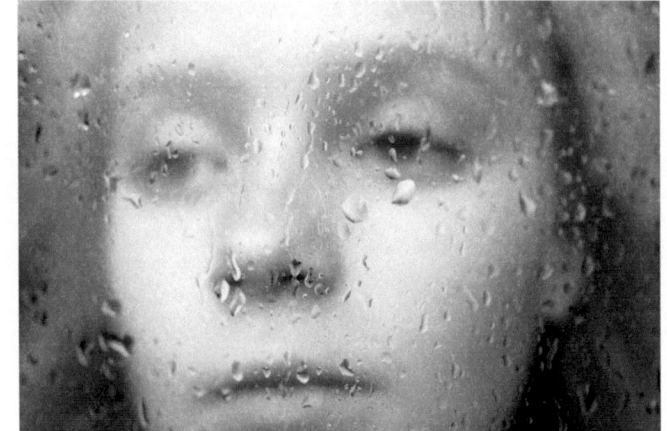

Konjunktionen 1

أدوات الربط ١
adawat alrrabt 1

Reparier das Dach, bevor der Winter
beginnt.
Wasch deine Hände, bevor du dich an den
Tisch setzt.
Schließ das Fenster, bevor du rausgehst.

اصلح السقف قبل أن يأتي الشتاء.
asilh alssaqf qabl 'an yati alshshata'a

إغسل يديك قبل أن تجلس إلى الطاولة.
iighasul yudik qabl 'an tajlis 'iilaa alttawilati'

إغلق النافذة قبل أن تخرج.
ighalaq alnnafidhat qabl 'an takhrija'

Wann kommst du nach Hause?

متى ستأتي إلى البيت ؟
mtaa satati 'iilaa albayt

Nach dem Unterricht?

بعد الدرس.
beud alddars

Ja, nachdem der Unterricht aus ist.

نعم ، بعد انتهاء الدرس.
neum , baed aintiha' alddars

Nachdem er einen Unfall hatte, konnte er
nicht mehr arbeiten.
Nachdem er die Arbeit verloren hatte, ist
er nach Amerika gegangen.
Nachdem er nach Amerika gegangen war,
ist er reich geworden.

بعد أن تعرض لحادث لم يعد قادرًا على العمل.
bed 'an tuerad lihadith lm yaeud qadraan ealaa aleml

بعد أن خسر عمله سافرإلى أميركا.
bead 'an khasir eamalih safr'iila 'amyrka

بعد أن سافر إلى أميركا أصبح غنيًا.
bead 'ann safar 'iilaa 'amirka 'asbah ghnyaan

Konjunktionen 2

أدوات الربط٢
adawat alrrabt2

Seit wann arbeitet sie nicht mehr?	مذ متى لم تعد تعمل ؟ mdh mataa lm taeud taemal
Seit ihrer Heirat?	منذ زواجها. mnidh zawajha
Ja, sie arbeitet nicht mehr, seitdem sie geheiratet hat.	نعم، لم تعد تعمل منذ أن تزوجت. neim, lm taeud taemal mundh 'an tazwajata
Seitdem sie geheiratet hat, arbeitet sie nicht mehr.	منذ أن تزوجت لم تعد تعمل. mndh 'ann tazawwajat lm taeud taeml
Seitdem sie sich kennen, sind sie glücklich.	منذ أن تعارفا هما سعداء. mnidh 'ann taearafa huma sueada'a
Seitdem sie Kinder haben, gehen sie selten aus.	منذ أن رزقا بأطفال لا يخرجان إلاّ نادرًا. mnidh 'ann rizqana bi'atfal la yukhrijan 'ila nadraan
Wann telefoniert sie?	متى تتصل بالهاتف ؟ mtaa tatasil bialhatif
Während der Fahrt?	أثناء قيادتها السيارة؟ athna' qiadatiha alssayaratu
Ja, während sie Auto fährt.	نعم ، إنها تتصل وهي تقود السيارة. neum , 'innaha tatasil wahi taqud alssayaratu

95 [fünfundneunzig]

Konjunktionen 2

95 [خمسة وتسعون]
khmisat] 95
[watasewn

أدوات الربط٢
adawat alrrabt2

Sie telefoniert, während sie Auto fährt.

تتصل بالهاتف بينما تقود السيارة.
ttasil bialhatif baynama taqud alssayaratu

Sie sieht fern, während sie bügelt.

إنها تشاهد التلفاز بينما تكوي.
innaha tushahid alttilfaz baynama takwi'

Sie hört Musik, während sie ihre Aufgaben macht.

انها تسمع الموسيقى بينما تكتب الوظائف.
anha tasmae almusiqaa baynama taktub alwazayuf

Ich sehe nichts, wenn ich keine Brille habe.

لا أرى شيئًا دون النظارة.
la 'araa shyyaan dun alnnizarati

Ich verstehe nichts, wenn die Musik so laut ist.

لا أفهم شيئًا عندما تكون الموسيقى عالية.
lla 'afham shyyaan eindama takun almusiqaa ealiata

Ich rieche nichts, wenn ich Schnupfen habe.

لا أشم شيئًا عندما أصاب بالزكام.
lla 'ashm shyyaan eindama 'asab bialzzakama

Wir nehmen ein Taxi, wenn es regnet.

عندما تمطر نستقل سيارة أجرة.
eindama tumtir nastaqill sayarat 'ajrata

Wir reisen um die Welt, wenn wir im Lotto gewinnen.

سنسافر حول العالم عندما نربح في اليانصيب.
snusafar hawl alealam eindama nurbih fi alyanasib

Wir fangen mit dem Essen an, wenn er nicht bald kommt.

سينبدأ بتناول الطعام إن لم يأت قريبًا
syanbada bitanawul alttaeam 'iin llam yat qrybaan

Konjunktionen 3

أدوات الربط ٣
adawat alrrabt 3

Ich stehe auf, sobald der Wecker klingelt.

سأنهض حالما يرن المنبه.
s'anhad halama yarn almanabuha

Ich werde müde, sobald ich lernen soll.

أشعر بالتعب حالما أبدأ بالدراسة.
asheir bialttaeab halama 'abda bialddirasata

Ich höre auf zu arbeiten, sobald ich 60 bin.

سأتوقف عن العمل حالما أبلغ الستين.
s'atawaqqaf ean aleamal halamana 'ablugh alssitiun

Wann rufen Sie an?

متى ستتصل بالهاتف ؟
mtaa satatasil bialhatif

Sobald ich einen Moment Zeit habe.

حالما تسنح لي الفرصة.
halma tasnah li alfursata

Er ruft an, sobald er etwas Zeit hat.

سيتصل بالهاتف حالما تسنح له الفرصة
syatsal bialhatif halima tasannah lah alfarsat

Wie lange werden Sie arbeiten?

إلى متى ستعمل؟
iilaa mataa staeiml'

Ich werde arbeiten, solange ich kann.

سأعمل ما دمت قادرًا على ذلك.
s'aemal mma dumt qadraan ealaa dhallkk

Ich werde arbeiten, solange ich gesund bin.

سأعمل ما دمت بصحة جيدة.
s'aemal mma dumt bisihhat jayidata

Konjunktionen 3

أدوات الربط ٣
adawat alrrabt 3

Er liegt im Bett, anstatt dass er arbeitet.

إنه مستلق على السرير بدل أن يعمل.
innah mustaliqq ealaa alssarir bdl 'an yaeml'

Sie liest die Zeitung, anstatt dass sie kocht.

هي تقرأ الجريدة بدل أن تطبخ.
hi taqra aljaridat bdl 'an tatibkha

Er sitzt in der Kneipe, anstatt dass er nach Hause geht.

إنه يجلس في الحانة بدل أن يذهب إلى البيت.
innah yujlis fi alhannat bdl 'an yadhhab 'iilaa albita'

Soweit ich weiß, wohnt er hier.

حسب علمي هو يسكن هنا.
hsb eilmi hu yuskin huna

Soweit ich weiß, ist seine Frau krank.

حسب علمي زوجته مريضة.
hsab eilmi zawjatih muridata

Soweit ich weiß, ist er arbeitslos.

حسب علمي هو عاطل عن العمل.
hsab eilmi hu eatil ean aleml

Ich hatte verschlafen, sonst wäre ich pünktlich gewesen.

لقد غرقت في النوم وإلا كنت دقيقًا في الموعد.
Iqad ghariqat fi alnnawm wa'illa kunt dqyqaan fi almaweid

Ich hatte den Bus verpasst, sonst wäre ich pünktlich gewesen.

لقد فاتتني الحافلة وإلا كنت دقيقًا في الموعد.
Iqad fattatni alhafilat wa'illa kunt dqyqaan fi almaweid

Ich hatte den Weg nicht gefunden, sonst wäre ich pünktlich gewesen.

لم أجد الطريق وإلا كنت دقيقًا في الموعد.
lm 'ajid alttariq wa'illa kunt dqyqaan fi almaweid

Konjunktionen 4

أدوات الربطء
adawat alrrabt4

Er ist eingeschlafen, obwohl der Fernseher an war.
Er ist noch geblieben, obwohl es schon spät war.
Er ist nicht gekommen, obwohl wir uns verabredet hatten.

لقد وافاه النوم مع أن التلفاز كان يعمل.
lqad waffah alnnawm me 'ann alttalfaz kan yaeml

لقد بقي مع أن الوقت كان متأخرًا.
lqud baqi me 'ann alwaqt kan mtakhraan

لم يأت مع أننا كنا على موعد.
lam yat mae 'annana kunna ealaa maweid

Der Fernseher war an. Trotzdem ist er eingeschlafen.
Es war schon spät. Trotzdem ist er noch geblieben.
Wir hatten uns verabredet. Trotzdem ist er nicht gekommen.

لقد غلبه النوم والتلفاز شغالاً.
lqad ghalabah alnnawm walttalfaz shghalaan

كان الوقت متأخرًا ومع ذلك بقي.
kan alwaqt mtakhraan wamae dhlk baqy

لقد كنا على موعد ومع ذلك لم يأت.
lqad kunna ealaa maweid wamae dhlk lm yata

Obwohl er keinen Führerschein hat, fährt er Auto.
Obwohl die Straße glatt ist, fährt er schnell.
Obwohl er betrunken ist, fährt er mit dem Rad.

مع أنه لا يملك رخصة قيادة ، يقود سيارة.
me 'annah la yamlik rukhsatan qiadatan , yaqud sayaarata

مع أن الشارع زلق يقود سيارته بسرعة.
me 'ann alshsharie zilq yaqud sayaratih bisareata

مع أنه في حالة سكر ، يركب الدراجة.
mae 'annah fi halat sakar , yurkib alddirajata

Konjunktionen 4

أدوات الربط
adawat alrrabt4

Er hat keinen Führerschein. Trotzdem fährt er Auto.	إنه لا يملك رخصة قيادة ومع ذلك يقود سيارة innah la yamlik rukhsatan qiadatan wamae dhlk yaqud ' sayaaratan
Die Straße ist glatt. Trotzdem fährt er so schnell.	الشارع زلق ومع ذلك يقود سيارنه بسرعة. alshsharie zilq wamae dhlk yaqud suyarinah bisareata
Er ist betrunken. Trotzdem fährt er mit dem Rad.	إنه سكران ومع ذلك يركب الدراجة. innah sukran wamae dhlk yurkib alddirajata'
Sie findet keine Stelle, obwohl sie studiert hat.	لم تجد وظيفة مع أنها أتمّت دراستها. lm tajid wazifat mae 'annaha atmmt dirasatuha
Sie geht nicht zum Arzt, obwohl sie Schmerzen hat.	لا تزورالطبيب مع أنها تتألم. lla tazawralitabib mae 'annaha tata'lm
Sie kauft ein Auto, obwohl sie kein Geld hat.	لقد اشترت سيارة مع أنها لا تملك نقودًا. lqad aishtarat sayarat mae 'annaha la tamlik nqwdaan
Sie hat studiert. Trotzdem findet sie keine Stelle.	لقد انهت دراستها ومع ذلك لم تجد وظيفة. lqud 'anhat dirasatuha wamae dhlk lm tajid wazifata
Sie hat Schmerzen. Trotzdem geht sie nicht zum Arzt.	إنها تتألم، ومع ذلك لا تزور الطبيب. innaha tata'allama, wamae dhlk la tazawwur alttabiba'
Sie hat kein Geld. Trotzdem kauft sie ein Auto.	لا تملك نقودًا ومع ذلك تشتري سيارة. lla tamlik nqwdaan wamae dhlk tashtari sayarata

Doppelte
Konjunktionen

أدوات الربط
المزدوجة
adawat alrrabt
almuzdawijat

Die Reise war zwar schön, aber zu
anstrengend.

كانت الرحلة جميلة ولكنها مضنية.
kant alrrihlat jamilat walikannaha madniata

Der Zug war zwar pünktlich, aber zu voll.

وصل القطار في موعده ولكنه كان ملينًا.
wsil alqitar fi maweiduh walikunnah kan mlyyaan

Das Hotel war zwar gemütlich, aber zu
teuer.

كان الفندق مريحًا ولكنه غاليًا.
kan alfunduq mryhaan walakunnah ghalyaan

Er nimmt entweder den Bus oder den Zug.

سيستقل إما الحافلة أو القطار.
sayastaqill 'imma alhafilat 'aw alqitara

Er kommt entweder heute Abend oder
morgen früh.

سيأتي إما مساء اليوم أو صباح الغد.
syati 'imma masa' alyawm 'aw sabah alghad

Er wohnt entweder bei uns oder im Hotel.

سيسكن إما عندنا أو في فندق.
syaskun 'imma eindana 'aw fi funduqa

Sie spricht sowohl Spanisch als auch
Englisch.

إنه يتكلم الاسبانية كما الانكليزية.
innah yatakallam al'iisbaniat kama alanklyzy'

Sie hat sowohl in Madrid als auch in
London gelebt.

عاشت في مدريد كما في لندن.
easht fi madrid kama fi landan

Sie kennt sowohl Spanien als auch
England.

إنها تعرف اسبانيا كما تعرف انكلترا.
innaha taerif 'iisbania kama taerif ainkilatra'

Doppelte
Konjunktionen

أدوات الربط
المزدوجة
adawat alrrabt
almuzdawijat

Er ist nicht nur dumm, sondern auch faul.

إنه ليس غبياً فقط بل وكسولاً.
innah lays ghbyaan faqat bal wkswlaan'

Sie ist nicht nur hübsch, sondern auch
intelligent.

هي ليست جميلة فقط، بل وذكية.
hi laysat jamilat faqat, bal wadhakiata

Sie spricht nicht nur Deutsch, sondern
auch Französisch.

لاتتكلم الألمانية فقط وإنما الفرنسية أيضاً.
lattatakalm al'almaniat faqat wa'innama alfaransiat aydaan

Ich kann weder Klavier noch Gitarre
spielen.

إني لأعزف البيانو ولا القيثار.
iini laaezaf albianu wala alqaythara'

Ich kann weder Walzer noch Samba
tanzen.

لا أرقص الفالس ولا السامبا.
la 'arqus alfalis wala alssamiba

Ich mag weder Oper noch Ballett.

لا أحب الأوبرا ولا رقصة الباليه.
la 'uhibb al'uwbara wala raqsat albaliih

Je schneller du arbeitest, desto früher bist
du fertig.

كلما أسرعت في العمل كلما أنتهيت مبكراً.
klama 'asraet fi aleamal kullama 'antahit mbkraan

Je früher du kommst, desto früher kannst
du gehen.

كلما أبكر في القدوم ، كلما أبكر في الذهاب
klama 'abkar fi alqudum , kullama 'abkar fi aldhdhahab

Je älter man wird, desto bequemer wird
man.

كلما كبر الانسان، كلما أصبح مريحاً.
klama kabur alannisanu, kullama 'asbah mryhaan

Genitiv

المضاف إليه
almudaf 'iilayh

die Katze meiner Freundin

قطة صديقتي.
qtat sadiqaty

der Hund meines Freundes

كلب صديقي.
klab sadiqi

die Spielsachen meiner Kinder

ألعاب أطفالي.
alieab 'atfali

Das ist der Mantel meines Kollegen.

هذا هو معطف زميلي.
hdha hu muetaf zamili

Das ist das Auto meiner Kollegin.

هذه سيارة زميلتي.
hdhih sayarat zamilatay

Das ist die Arbeit meiner Kollegen.

هذا هو عمل زملائي.
hdha hu eamal zamlayiy

Der Knopf von dem Hemd ist ab.

زر القميص انقطع.
zr alqamis anqate

Der Schlüssel von der Garage ist weg.

فُقد مفتاح المرآب.
fuqd miftah almarab

Der Computer vom Chef ist kaputt.

حاسوب المدير معطل.
hasub almudir muetil

Genitiv

المضاف إليه
almudaf 'iilayh

Wer sind die Eltern des Mädchens?

من هما والدا الفتاة؟
mn huma walida alfatata

Wie komme ich zum Haus ihrer Eltern?

كيف أصل إلى منزل والديها؟
kyf 'asl 'iilaa manzil walddiha

Das Haus steht am Ende der Straße.

البيت موجود في أسفل الشارع.
albayt mawjud fi 'asfal alshsharie

Wie heißt die Hauptstadt von der
Schweiz?

ما اسم عاصمة سويسرا؟
ma aism easimat swysra

Wie heißt der Titel von dem Buch?

ما هو عنوان الكتاب؟
mma hu eunwan alkitab

Wie heißen die Kinder von den Nachbarn?

ما هي أسماء أولاد الجيران؟
ma hi 'asma' 'awlad aljiran

Wann sind die Schulferien von den
Kindern?

متى هي عطلة مدارس الأطفال؟
mta hi eutlat madaris alatfal

Wann sind die Sprechzeiten von dem
Arzt?

ما هي أوقات مراجعة الطبيب؟
ma hi 'awqat murajaeat alttabib

Wann sind die Öffnungszeiten von dem
Museum?

ما هي أوقات زيارة المتحف؟
ma hi 'awqat ziarat almutahf

100 [hundert]

Adverbien

100 [مائة]
100 [mayta]

الظروف
alzzuruf

schon einmal – noch nie

في وقت مضى ــ أبدًا / ليس بعد
fi waqt madaa abdaan / lays bed

Sind Sie schon einmal in Berlin gewesen?

هل سبق أن كنت في برلين؟
hl sbq 'an kunt fi barlin

Nein, noch nie.

لا،أبدًا.
la,abdaan

jemand – niemand

أحد ما ــ لا أحد
ahad ma la ahd

Kennen Sie hier jemand(en)?

أتعرف أحدًا هنا؟
ataerif ahdaan huna

Nein, ich kenne hier niemand(en).

لا، لا أعرف أحدًا.
la, la 'aerif ahdaan

noch – nicht mehr

لا يزال ــ لم يعد
la yazal lm yed

Bleiben Sie noch lange hier?

هل ستبقى طويلاً هنا؟
hl satabqaa twylaan huna

Nein, ich bleibe nicht mehr lange hier.

لا، لن أطيل البقاء هنا.
la, ln 'util albaqa' huna

100 [hundert]

Adverbien

100 [مائة]
[mayta] 100

الظروف
alzzuruf

noch etwas – nichts mehr

شيء آخر ــ لاأكثر من.
shi' akhar laakthr mn

Möchten Sie noch etwas trinken?

أترغب في تناول مشروب إضافي؟
atarghab fi tanawal mmashrub 'iidafy

Nein, ich möchte nichts mehr.

لا، لا أريد أكثر من ذلك.
la, la 'urid 'akthar min dhalik

schon etwas – noch nichts

قد ... ــ ليس بعد
qad lays bed

Haben Sie schon etwas gegessen?

هل أكلت شيئًا ؟
hl 'akalt shyyaan

Nein, ich habe noch nichts gegessen.

لا، لم آكل شيئًا بعد.
la, lm akal shyyaan baeid

noch jemand – niemand mehr

أحد ما ــ لا أحد
ahad ma la ahd

Möchte noch jemand einen Kaffee?

هل هناك أحديريدقهوة؟
hl hunak 'ahdiridqhu

Nein, niemand mehr.

لا، لا أحد.
la, la 'ahd

200